La coupe et la plume

Itinéraires chamaniques

Anna Caranta avec Carmen Cisneros

Nouvelle édition corrigée

A ceux de l'espace du rêve :

- Tu veux voir danser les étoiles ?

- Danser les étoiles, c'est possible ?

Le chamane se mit à rire. Il était venu de bien loin pour partager son savoir.

Des rives du Rio Madre de Dios en Amazonie à ce coin oublié de France, les kilomètres se comptent par milliers.

Alors le sorcier se mit à murmurer une complainte étrange, envoutante et soudain, il s'exclama :

Regarde !

Levant les yeux vers le dôme de velours du ciel, je vis les étoiles danser dans la nuit !

CHAPITRE 1

Anna parle

Avertissement :

L'envie ou le besoin d'écrire ce livre ne vient pas d'une impulsion subite.

Il est juste d'avouer qu'il a été plusieurs fois commencé et mis de côté... sans cesse inachevé.

Il est difficile de parler de ses expériences, surtout lorsque celles-ci sont de nature spirituelles et initiatiques. Mais nous vivons des temps particuliers, durs, inquiétants. Les valeurs sociales, économiques, morales, politiques, basculent. Il semble que beaucoup de choses disparaissent et tous sont dans l'attente de nouveaux modèles pour continuer d'avancer. Les notions philosophiques et spirituelles ne sont plus aussi présentes, surtout en occident. Il devient pressant de leur faire une place dans un quotidien devenu si pesant qu'il nous enchaîne à la matière, coupant ainsi les ailes aux rêves, à l'imaginaire, à l'espoir qui, seuls, nous permettent de renouer avec cette autre dimension qui est autant la nôtre que ce plan matériel.

Ceci a été le moteur de l'écriture de cet itinéraire, personnel au début et, je l'espère, plus impersonnel ensuite, afin que mes expériences, ainsi que celles de Carmen, illustrent un thème concernant chacun de ceux qui se sentent « appelés » par une voie d'éveil.

Habitée depuis l'enfance par la recherche des clés des mystères, de la vie, nourrie par les contes et légendes du monde celtique, la destinée me fit rencontrer l'irrationnel.

Après bien des années à cheminer sur une route parsemée d'expériences insolites et de rencontres souvent étranges, parfois inquiétantes, ma conviction était faite : il faut accepter qui l'on est et sa destinée en toute simplicité. Ne pas gonfler nos mérites, ni sous-estimer nos qualités. Nous avons tous une tâche à accomplir ici-bas. Glorieuse pour certains, humble et modeste pour d'autres. Les conditions majeures de notre naissance et de notre parcours ont été déterminées par nous-mêmes et grâce aux suggestions de l'Intelligence Infinie, car je crois à la toute-puissance du libre-arbitre. Les épreuves ne nous sont pas imposées comme autant de punitions ou de récompenses. Elles apparaissent dans notre vie afin de nous procurer des circonstances favorables à notre évolution. Cela, nous l'avons accepté avant l'incarnation. Nos choix détermineront d'autres épreuves ou des réussites car nous en gardons la totale responsabilité. Si l'on est persuadé qu'un chemin donne du sens à notre existence, l'important est de garder le cap, car c'est certainement notre « chemin de vie ». A nous de guider notre existence comme un capitaine son navire. Le destin saura nous envoyer des signaux, des « synchronicités » comme autant de balises sur notre route, d'encouragements.

Le mien, de chemin, me fût difficile. Avant de me « souvenir » de mes engagements, j'ai souvent renâclé devant l'obstacle. Puis, j'ai pris conscience des aides dont je bénéficiais. Un travail personnel a éclairé la route. Souvent, aux pires moments, quelque chose ou quelqu'un apportait une solution. Alors, cessant de me plaindre, ayant reconnu que l'intuition serai le meilleur guide, je me suis engagée, plus déterminée, dans mon chemin de traverse.

Longtemps, j'ai gardé le silence sur les évènements étranges qui jalonnaient cette vie. Comprenant que ma perception du monde qui nous entoure n'était pas la même que le plus grand nombre. Comprenant aussi que cela ne faisait pas de moi quelqu'un d'exceptionnel, ni d'anormal grâce à de nombreuses rencontres avec d'autres qui vivaient la même chose.

C'est pour cela, et parce que le temps est venu, qu'il faut conter cette histoire. Beaucoup de personnes m'ont confié leur désarroi de ne pas comprendre et, surtout, de ne pas pouvoir partager certaines choses qui leur arrive et qui demeurent sans explication. Ils trouveront peut-être dans ce livre quelques pistes utiles.

Il est bien de dire « conter cette histoire » car, si certains préfèrent considérer ce récit comme un conte tiré de l'imaginaire : libre à eux. Pour les autres, j'affirme ce récit sincère et authentique.

CHAPITRE 2

Préambule

La coupe est un symbole fondamental des traditions initiatiques d'occident. Le chaudron de ceridwenn pour les Celtes, devenu la coupe de la cène, le saint Graal d'Arthur et des chevaliers de la Table Ronde.

La plume représente l'esprit pour les nations autochtones. Elle est sacrée et incarne le pouvoir spirituel acquis après un long cheminement en quête d'unité.

Deux symboles pour une seule voie : celle de la lumière intérieure, de la connaissance, du retour au Centre Suprême.

La coupe représente les traditions de cet occident en recherche d'une sagesse qui semble s'être perdue par une interruption dans la transmission orale de la connaissance.

Une des grandes erreurs de notre civilisation.

La plume représente la voie des nations autochtones détentrices d'un savoir sans âge que ces peuples ont su préserver sans interruption.

La recherche de la coupe était la mienne.

Après une enfance remplie d'expériences éprouvantes, depuis l'aube de mes dix-sept ans, l'étude des traditions initiatiques d'occident me captivait. Ces études amenaient souvent des références aux traditions d'autres civilisations. Cela est logique si l'on admet que toute technique initiatique se rattache à un tronc unique : la Tradition Primordiale. Chaque civilisation adaptant la formulation de la connaissance en fonction de sa culture et afin de rendre cette formulation assimilable à son peuple.

J'étudiais ces différents aspects tout en gardant une profonde affinité avec l'univers celtique.

Compte-tenu des expériences de l'enfance que je viens d'évoquer mais aidée par l'une de ces traditions initiatiques, j'ai suivi un chemin particulier qui amène celles et ceux qui le suivent à établir le contact avec des espaces de conscience multiples et à une vision de l'univers très vaste. Jalonné, comme tout itinéraire spirituel, par des rencontres avec des êtres d'un niveau d'évolution bien supérieur au nôtre et dont le dessein est de nous stimuler dans l'effort de progression. En aucun cas de nous éviter les épreuves porteuses d'enseignements, particulièrement dans cette voie spécifique : la voie du guerrier.

Il fait partie de notre faiblesse humaine d'éprouver le besoin de nommer toutes choses. Alors, puisque c'est l'usage donnons à cette voie son vocable usuel qui n'évoque cependant pas grand-chose de la réalité de sa pratique : le chamanisme. Cette dénomination est d'ailleurs limitative puisque le mot « chamane », certainement dérivé du toungouse « shaman », viendrait du centre de l'Asie.

Or, le chamanisme est pratiqué à travers le monde. Les nations amérindiennes adoptent les termes de medecine-man, medecine-woman (homme-médecine, femme-médecine) dont la meilleure traduction serait homme ou femme de connaissance. L'occident parle plutôt de sorcier, sorcière, guérisseur, rebouteux. Remontant à l'origine des âges, le chamanisme regroupe un ensemble de techniques : harmonisation avec l'intelligence de la nature, contact avec l'esprit des plantes et des animaux, usage des pierres et des cristaux, transes divinatoires, art de guérison, exorcisme mais aussi, dans sa partie la plus secrète, voyages dans les dimensions intérieures, contrôle des rêves, dialogue avec les entités. Il s'agit probablement de la plus ancienne forme d'expérience spirituelle de l'humanité.

Pour l'occident, cette voie se devine en filigrane dans les récits de chevalerie. Principalement dans ceux du cycle arthurien. Le chevalier illustre le guerrier, celui qui est dans l'action, porteur d'un code moral, affrontant les épreuves de sa quête et défendant les principes qu'il considère comme justes avec courage et honneur. Les magiciens : Merlin, Viviane, Morgane, représentent la partie « chamanique » du cherchant, sachant utiliser les capacités spirituelles ou psychiques qui sont en chacun de nous. Celui ou celle qui réunit les deux facettes incarnées par ces modèles, devient un moine-soldat, un guerrier pacifique dont le but est d'atteindre la fusion consciente entre la partie humaine et la partie divine en soi.

Fort heureusement, pour cet occident qui s'est égaré dans le matérialisme, il existe des sociétés philosophiques authentiques offrant le cadre pouvant permettre une évolution personnelle visant à cette réintégration. S'abreuvant à une source commune : la Tradition Primordiale, les sociétés philosophiques ou ordres traditionnels n'ont rien à voir avec les sectes dont on agite si souvent, de nos jours, l'épouvantail pour effrayer les gens. On croit ainsi les protéger. Peut-on vraiment protéger celui ou celle dont le désarroi ou l'angoisse de vivre est tel qu'il perd son sens critique au point de croire les scénarios les plus absurdes ? En ce qui me concerne, l'une de ces voies fût un havre de paix. Probablement, l'espace m'ayant permis de ne pas sombrer, de conserver un équilibre intérieur en comparant ce que j'avais expérimenté avec les enseignements très anciens issus de la tradition. Et surtout, de dépasser les phantasmes, illusions ou interprétations erronées que j'avais échafaudés à partir de certaines expériences psychiques de l'enfance.

La voie chamanique présente la particularité d'être souvent solitaire, individuelle. Sans reliance à un groupe humain ou une école mais basée sur les seules perceptions du cherchant. Certains la suivent grâce à un guide vivant chargé de perpétuer la chaine des connaissances. La transmission est orale. Pour les sages, les enseignants, l'écriture n'est pas recommandée. Nos anciens druides étaient des « gutuari » et perpétuaient leurs connaissances uniquement oralement, considérant que l'écriture « fige » la pensée. Cette pratique se retrouve surtout chez les peuples autochtones ou le chamane reconnu transmet son savoir à un membre de sa famille ou un élève dont il perçoit la prédisposition.

En occident, cela est rare, bien qu'existant encore chez certains guérisseurs de nos campagnes. Mais ce territoire sera plus propice à une initiation en direct, par l'être intérieur, le développement de l'intuition, la perception de l'au-delà et de l'intelligence de la nature. Les amérindiens nomment cela « celui qui est enseigné par les esprits ». C'est un chemin difficile, tourmenté dans lequel il convient de conserver son équilibre. Apprendre à distinguer ce qui est produit par notre inconscient, nos peurs ataviques, la mémoire de notre lignée et peut se manifester sous forme de « hantises » et ce qui relève d'une véritable communication avec l'intelligence infinie sera un des impératifs pour l'occidental appelé par cette voie. Chez les peuples autochtones, le futur chamane peut être identifié par des signes dès sa naissance. Si j'admets que les prédispositions à une sensibilité particulière soient identifiables très tôt, les temps actuels sont propices à l'expression de cette supra-sensibilité par toutes et tous.

Nous avons la possibilité et probablement la nécessité d'intégrer notre potentiel total. Si nous souhaitons l'émergence d'une société harmonieuse, tolérante, fraternelle, égalitaire, juste, il est nécessaire que les êtres soient plus sensibles à ce qui les entoure et s'ouvrent à d'autres formes d'expression de la vie. Tous ne suivront pas la « voie du guerrier » car il existe des voies correspondantes à la note de chacun. La Tradition en dénombre douze. C'est donc par un appel intérieur que se détermine le choix. Cependant, si ce livre est entre vos mains, c'est que la voie du guerrier résonne en vous et vous êtes probablement concerné. Le hasard n'existe pas !

CHAPITRE 3
Apprentissage : L'enfance

      Ma santé chaotique m'éloignant des bancs de l'école, mes parents avaient dû opter pour des cours par correspondance et des professeurs à domicile. Les efforts soutenus m'épuisaient vite, m'interdisant de courir ou de jouer avec les autres enfants. Dans cet univers confiné à la maison et au jardin, l'imaginaire prenait une place prépondérante. Avec pour seuls compagnons de jeux … des chiens. Je me pensais élevée par une "meute" et me faisais traiter de "sauvage" par nos rares voisins. Les chiens m'ont appris beaucoup de choses : sentir, écouter, observer ainsi que des perceptions plus subtiles encore. Lorsque mes forces le permettaient, j'avais droit au grand jardin clos de murs de la maison familiale et, la plupart du temps j'y rêvassais.

      Donc, ce jour particulier, un peu avant ma huitième année, le jardin proposait son mystère. La journée était belle. Les roses avaient décidé d'encenser l'air de subtils effluves. Les coins plus ombragés, complices, dissimulant la menace de leurs inquiétants bosquets, se montraient protecteurs. Un papillon avait sollicité toute mon attention. Le soleil flattait ses couleurs, il me sembla d'assez grande taille et vraiment magnifique. Posé sur une fleur, il déroulait sa trompe pour boire délicatement le nectar floral. Tendant instinctivement la main vers lui, il battit des ailes, vint se poser au creux de ma paume tendue et resta là... confiant. Enchantée, je lui parlais doucement. Alors, illusion ou rêverie d'enfant, le papillon se transforma en un instant... là, au creux de ma main, une ravissante créature ailée me regardait en bougeant de minuscules bras et jambes. Les ailes n'avaient pas changé mais le corps n'était plus animal. Stupéfaite et totalement absorbée par sa contemplation, j'entendis une voix résonner clairement à ma gauche :

- C'est beau, n'est-ce pas ?

Deux personnages se tenaient à mon côté. D'apparence très semblable, on aurait dit des jumeaux. Mêmes visages aux pommettes hautes, le crâne rasé ou chauves, totalement imberbes, sans cils, ni sourcils, des yeux sombres en amandes, le teint couleur bronze - littéralement "doré". Ils affichaient un magnifique sourire et semblaient rayonner de bienveillance. Pourtant leurs costumes étaient austères, noirs, de coupe presque militaire ou monastique avec cette sorte de col que l'on voit sur les clergymen ou les prêtres.

Une vague de tendresse m'enveloppa. Mais la petite créature ailée était si fascinante que je ne pus m'empêcher de détourner le regard sur elle. Je vis dans ma main... un simple papillon qui déroulait sa trompe en prenant ma paume pour une fleur. Et bien sûr, à ma gauche, les deux inconnus avaient disparu.

Tout s'était passé très vite mais avec une telle impression de vérité, que je courus raconter le prodige à ma Mère. Celle-ci ne manifesta pas de surprise excessive sauf à la description des personnages. Je lui parlais d'hommes en noir et elle me confirma plus tard qu'en général lorsqu'un enfant parle d'homme en noir cela l'effraye plutôt. Moi, j'insistais en disant "tu sais, Maman, ce sont mes amis".

Personne ne me l'avait dit mais je le savais au plus profond de moi. Ma mère accepta donc cette aventure comme elle acceptait ma « différence » et les quelques expériences paranormales vécues dans sa propre enfance. Pour elle, les enfants sont capables de voir des choses ou des êtres invisibles aux adultes et cela ne sert à rien de leur dire qu'ils mentent ou qu'ils ont rêvé. Maman avait gardé sa part d'enfance et je sais qu'aujourd'hui on parle de "syndrome de Peter Pan" pour qualifier les sensibles imaginatifs qui n'ont pas vraiment rejoint l'âge adulte. Elle était une personne magnifique qui savait écouter sans dénier. Equilibrée par un solide bon sens, elle ne donnait pas l'impression d'une naïveté excessive mais sa profonde tolérance lui faisait admettre que le monde est plein de mystères que nous n'avons pas encore résolus. Pour elle donc, ce que je lui racontais, je l'avais vécu et c'est, en définitive, ce qui fait la réalité d'une expérience.

Grâce à cette attitude, j'ai pu conserver mon équilibre par-delà cette enfance hors du monde, hors du temps.

C'est à l'âge de 11 ans seulement que mes forces (et la volonté de mon père) me permirent de rejoindre une école classique avec élèves bruyants, cour de récréation, professeurs, bancs usés par les postérieurs de génération de petits potaches, et ces odeurs, si particulières, de craie, de poussière, d'encre, de cuir, de savon et d'encaustique.

Mes deux "hommes en noir", je ne les ai revus qu'une seule fois, deux ans après la première rencontre. Lors d'un gros chagrin d'enfant, je pleurais dans ma chambre. Il faut dire que je pleurais souvent. Je vivais avec mes démons et le monde au-delà de l'enceinte protectrice du foyer me semblait aussi très effrayant. Dotée d'une sensibilité maladive tout me blessait et j'avais peur de sortir, de rencontrer des gens, d'aller à l'école, de ceux qui faisaient du mal aux autres, du mal aux animaux, du mal à la nature... j'avais peur... de vivre. Ces noires pensées provoquaient des accès de chagrin et je m'isolais pour pleurer jusqu'à l'épuisement. Ce jour-là, le désespoir était si profond que je voulais cesser de vivre. Anorexique depuis l'âge de sept ans, mon poids était très inférieur à la moyenne et ma santé chancelante. Je parlais seule à je ne sais qui ou peut être à une entité supérieure qui semblait si loin et répétais comme une litanie :

-   S'il vous plait, je veux m'en aller !

Le mur de ma chambre sembla se gondoler comme s'il perdait sa consistance, sa solidité et deux silhouettes sombres le traversèrent.

Les sourires rayonnants et le vêtement austère n'avaient pas changé. Les "hommes en noir" étaient là et l'un me dit :

Courage, tu ne peux pas partir maintenant. Il te faut tenir encore, c'est très important. Tu as quelque chose à faire et tu comprendras plus tard.

-   Non, je veux m'en aller d'ici. C'est trop dur.

Fais-nous confiance, nous sommes tes amis. Nous serons toujours là si tu as besoin de nous. Courage. Fais-nous confiance.

Et, reculant lentement, les deux silhouettes s'absorbèrent dans le mur qui reprit aussitôt son apparence habituelle. L'impression de "réalité" était aussi forte que la première fois. Cependant, je gardais le silence sur cette apparition et personne n'en su rien.

J'étais réceptive à d'autres formes d'énergies, moins rassurantes. Les familiers de la maison la déclaraient "hantée". Ma mère essayait de minimiser l'aspect dérangeant du phénomène et mon père avait opté pour le déni. Il faut dire qu'étant très souvent absent, il ne fut jamais un témoin de première main.

Un déménagement n'apporta pas de solution. Au contraire, dans la nouvelle maison dessinée par mes parents et pourtant plus claire et plus vaste, les choses s'aggravèrent.

En fait, les maisons n'étaient pas hantées, c'est moi qui l'étais. Dès qu'on me laissait seule, des mouvements furtifs dans la pièce annonçaient les "manifestations" : chuchotements ou clameurs de foule, des ombres, des visages ou des formes sombres dans les miroirs me laissaient tremblante. Les autres étaient témoins de déplacement ou disparition d'objets, de grattements aux portes qui, même fermées à clés, s'ouvraient toutes seules. Des coups dans les volets et, quand ils se produisaient dans les portes, ils s'assortissaient d'échos amplifiés.

Une évolution survint vers ma onzième année avec la présence récurrente d'une forme voilée qui venait au milieu de la nuit au pied de mon lit. Je pouvais voir, par la lueur de ma veilleuse, son ombre projetée sur le mur. Sa voix au timbre impersonnel résonnait directement dans ma tête, très nette.

Surtout ne te retournes pas, ne me regardes pas. Tu aurais peur.

Trop tard, c'était déjà fait : j'étais littéralement terrorisée. Incapable du moindre mouvement.

Elle venait, disait-elle, pour réveiller ma mémoire et m'enseigner. Elle parlait des origines du monde, des autres formes de conscience existant dans la création, de vies antérieures. Elle disait me connaître depuis longtemps mais dans un autre espace. Une sorte d'univers végétal ou régnait une conscience de groupe. Elle me fit entendre des chants étranges émis par des milliers de voix mais qui n'en formaient qu'une.

C'était déroutant. Elle disait encore que ma mère n'était qu'une des mères que j'avais eues au cours de mes vies et que je ne devais pas m'y attacher autant. Et cela me faisait pleurer.

Chaque nuit, fidèle au terrible rendez-vous, la "chose" était là. Parlant durant des heures, jusqu'au lever du jour. Révélant des rituels anciens et des savoirs interdits. Elle ne se montra jamais agressive, plutôt sévère et sans émotions. Ma santé s'en ressentait. Il m'arrivait de fortes fièvres soudaines et des saignements de nez. Je devais rester souvent au lit car quand je voulais me lever, je m'évanouissais. Le médecin de famille, à cours de solution, proposait des séjours prolongés à la montagne dans l'espoir que "le bon air" serait meilleur guérisseur que lui.

La peur était telle que, le soir venu, ma mère devait veiller à ce que la petite lampe que j'exigeais soit allumée en permanence et, surtout, surtout qu'elle ne s'éteigne pas et elle gardait aussi la porte entre nos chambres ouverte.

J'avais déjà appelé la nuit. Peut-être à cause de la peur, le son que j'émettais ressemblait au couinement d'une souris. Je ne pouvais pas bouger, me lever, bloquée par une désagréable torpeur. Ni mon frère, ni mes parents ne m'entendaient. Je ne sais quel sortilège les maintenait dans un sommeil aussi profond.

J'invoquais mes « amis » sans succès. Ils ne se manifestaient pas. Fallait-il passer cette épreuve seule ? Apprendre de la forme voilée ses inquiétants rituels ?

Devant mon état, ma mère décida un soir, à mon insu, de veiller. Sa chambre était dans l'obscurité. Ma veilleuse découpait un rectangle orange. Soudain, une forme de haute taille voilà furtivement le rectangle lumineux. Bondissant du lit, ma mère se heurta à la porte qui venait d'être refermée brutalement. S'acharnant à l'ouvrir, elle sentait une forte résistance. Elle cria, tambourina sans succès. Appela enfin mon père qui travaillait dans son bureau au sous-sol. La porte résistait encore à leurs efforts joints. Puis céda en leur permettant enfin de s'engouffrer dans la chambre.

Roulée en boule dans un enchevêtrement de draps et couvertures, je suffoquais.

- Ça va ma chérie ? Dis ma mère, livide, Qu'est-ce qui s'est passé ?

- Il ne viendra plus. Il me l'a dit.

- Qui ça ? Rugit mon père.

- Le spectre.

Saisissant ma mère par le bras, mon père l'obligea à sortir. Très en colère, il tentait d'assourdir sa voix mais j'entendis …

- Cette enfant ne va pas bien. Il faut l'emmener consulter un psychiatre.

- Ta fille n'est pas folle ! J'ai vu quelque chose aussi.

- Peu importe. Je veux qu'elle aille chez le médecin. On ne peut pas laisser les choses comme ça !

- Arrête de la prendre pour une malade. Elle est seulement différente.

Les voix s'éteignaient mais, des années plus tard, ma Mère me confirma cette conversation. Le déni de ce que je vivais m'était une grande douleur. J'adorais mon père et j'espérais tant son soutien.

Il semble en fait qu'il se soit parfaitement rendu compte des phénomènes. Il avait opté pour une politique d'ignorance délibérée des faits. Peut-être qu'en les traitants par le mépris, les « fantômes » de sa fille comprendraient qu'ils n'étaient pas bienvenus et qu'ils libèreraient les lieux.

Mauvais plan ! Si le spectre enseignant ne se présenta plus, comme annoncé, il fut vite remplacé par des manifestations guère plus sympathiques.

Soyons honnête, cela devenait invivable.

Autour de ma douzième année vint le temps des rituels. Je conjurais les mauvais sorts en enterrant des poupées autour de la maison. Si une contrariété survenait, si je voyais mes parents soucieux, j'ouvrais ma tirelire et courrais au bazar du coin de la rue pour acheter une figurine.

Peu importait ce qu'elle était pourvue qu'elle soit à ressemblance humaine. Puis, seule dans le jardin, je pratiquais un rituel pour transférer les mauvaises ondes sur la poupée inerte. Je l'entourais d'un chiffon, la mettais dans un cercueil fait dans une boite à chaussure et creusais la terre pour l'enfouir. Je ne sais pas si les gens qui habitèrent la maison ensuite les ont retrouvées mais j'imagine leur stupeur dans ce cas.

Lorsque quelqu'un était malade dans la maison, je fabriquais une croix avec de la paille nouée. Je demandais à la personne malade de mâcher de la mie de pain et de me donner ensuite la boulette de pain imprégnée de salive. Je la plaçais au centre de ma croix en refermant les brins de paille autour. Puis je brulais la croix et déclarais avec l'assurance de l'enfant que le malade était désormais guéri.

Si quelqu'un faisait une chute, se cognait, je plantai un clou dans une planchette de bois et, chose extraordinaire, la douleur cessait.

Mes jeux n'étaient assurément pas ceux de mes congénères. Je ne comprenais rien aux leurs et je pense qu'ils n'auraient pas apprécié les miens. Et la solitude continuait de m'entourer comme une amie protectrice.

Les personnes dans la situation sociale de mes parents avaient des « gens de maison » terme un peu plus respectueux que celui de « bonne » d'un 19ème siècle révolu.

L'époque était aux espagnoles, rejointes quelques temps après par les portugaises. Elles arrivaient, sans papier, de leurs pays respectifs pour fuir la pauvreté en n'ayant d'autre alternative que de se placer comme domestiques. La plupart envisageaient de rester le temps de se constituer un pécule. D'autres savaient que la durée serait longue car l'argent servait à faire vivre la famille au pays. Il y avait à Paris un point d'arrivée des autocars ou les bourgeoises nanties venaient faire leur choix. Ma mère m'y amena une fois et je fus choquée de voir ces gens timides, dépaysés, apeurés, tentant de faire bonne figure dans l'espoir d'être embauchés.

Maman s'avérait être une « patronne » en or.

Pleine de compassion, elle se démenait pour obtenir les permis de séjour, payait au-dessus du taux en vigueur, offrait des cadeaux d'anniversaire et de Noël. Il y eu même mariage en grande pompe et dot pour la gentille Manuela au teint de porcelaine qui n'avait plus de famille proche. Je pense que Maman s'imaginait investie d'une mission de protection. Sa générosité et son respect des autres trouvait là un terrain de prédilection. En retour, la plupart d'entre elles nous rendaient affection et dévouement.

Elles accompagnaient ma solitude, jouaient avec moi et riaient de m'entendre brailler des flamencos ou fados appris phonétiquement.

Malheureusement, cela ne durait jamais. Croyantes mais superstitieuses, elles ne supportaient pas les hantises de la maison.

Aïe ! La Madame, pas m'en vouloir. Moi partir. Désolada, pero tengo miedo tanto ! (Désolée, mais j'ai trop peur).

Guadalupe est même partie si vite, une valise dans chaque main, le manteau de travers, qu'il fallut porter son compte à sa cousine.

Mes « esprits » lui avaient réservé un traitement de faveur. Alors qu'elle repassait du linge dans une pièce qui servait de salle de jeux, la dizaine de coussins posés sur des rebords en pierre servant d'assise s'étaient soulevés avec un ensemble parfait et, après un bref moment d'immobilité dans l'espace, avaient été projetés sur sa figure. On entendit ses hurlements du salon. Elle partit dans l'heure qui suivi.

La rotation des Pilar, Conception, Maria et autres perturbait la bonne marche de la maison et agaçait fortement mon père.

- Ah, elle n'a pas tenu longtemps celle, là !

Ma mère se résolut à passer une annonce dans la presse. Un courrier arriva de Montpellier.

La dame qui répondait à l'annonce était française. Avec beaucoup de sincérité, elle expliquait que, mariée à un homme violent, elle avait dû s'éloigner ainsi que ses enfants. Mais le furieux ne se décourageait pas et la justice et les services sociaux avaient conseillé un changement de région. Les enfants avaient été confiés à une parente habitant assez loin et la dame cherchait un emploi.

Ma mère lui envoya un billet de train et peu après Yvette débarqua.

Juchée sur des talons aiguilles, en mini-jupe et veste léopard, très maquillée, on pouvait se demander si le pire était sa tenue ou sa chevelure rousse flamboyante coiffée en choucroute. Très bien élevée, Maman ne laissa pas paraître sa surprise et l'invita à découvrir son espace personnel tout en lui proposant de se reposer la soirée. Mais Yvette voulu commencer son service de suite. Je sentais Maman inquiète de la réaction de mon père à son retour en fin de journée. La scène fut d'un comique achevé.

Yvette avait mis un petit tablier blanc sur sa tenue léopard et lorsqu'elle arriva dans la salle à manger, portant un plat tout en se trémoussant sur ses talons trop hauts, mon père frisa la syncope. Il ouvrit grand la bouche mais maman stoppa toute velléité de remarque cinglante d'un regard noir. A part, elle lui dit que de toute façon les domestiques partaient tout le temps. Il était impossible de garder quelqu'un, alors il fallait peut-être s'accommoder de cette originale ? Mon père céda d'un « C'est à toi de décider. Moi, moins je la verrai, mieux ça sera ».

Yvette était très réceptive. Elle découvrit vite les secrets de la maison. Nous décidâmes d'en parler sincèrement avec elle. Sa réponse fût : « Les fantômes ne me font pas peur. Mon ex-mari, lui, me faisait peur.

Vous avez eu la gentillesse de m'engager en connaissant mes ennuis, alors, si je conviens, je reste ».

Et elle resta plusieurs années. Stoïque, elle ne bronchait pas lorsque se produisait les « phénomènes » sa stratégie étant de détourner notre attention :

- Madame ! Vous aimeriez une tasse de thé. Je peux préparer un bon petit goûter !

Ou, s'adressant à moi en ignorant délibérément le vacarme de mes « esprits » :

- Je viens de m'acheter une nouvelle petite jupe. Tu veux la voir ?

Elle devint un soutien pour moi et ma mère. Fidèle, loyale, compréhensive, intelligente, affectueuse, reconnaissante, c'est une des meilleures personnes que j'ai rencontrées. La chance lui sourit enfin car elle rencontra un homme bien et se remaria. Ma mère et elles restèrent en contact jusqu'au bout. Elles décédèrent à deux ans d'intervalle.

Aujourd'hui, la peur dépassée, j'ai conscience de la valeur de l'enseignement reçu. Ayant peu fréquenté l'école républicaine, il m'a fallu passer mes grades dans celle des esprits. Avec eux, pas de sensiblerie. Ce qui ne tue pas rend plus fort. J'ai frôlé la mort plusieurs fois. En général, ma mère évitait de me laisser seule. Un jour pourtant, elle porta des chaussures à réparer au cordonnier dont la boutique était à 100 mètres de la maison. En pensant que son absence serait trop courte pour qu'il y ait un problème.

Je me trouvais dans la salle de jeu située au sous-sol.

Soudain, des grattements à la porte se répètent plusieurs fois. Me retournant, je vois la poignée se baisser et se relever. Mais la porte ne s'ouvre pas. Puis encore grattements et mouvements de la poignée.

Inquiète, je demande :

- Qui est là ?

Pas de réponse.

C'est peut-être mon frère qui veut me jouer un tour. Je me précipite sur la porte, ouvre : rien !

La pièce donne sur un couloir menant à la cave. Les murs sont garnis de penderies et le couloir est très sombre car il n'y a pas de fenêtres. J'ai beau regarder autour de moi, personne. C'est alors qu'un ricanement grinçant résonne. Là, je commence à avoir vraiment peur. Fixant le bout du couloir, je distingue une sorte de brume ou fumée qui tourbillonne lentement, plus sombre que le couloir. Ce tourbillon se déplace et s'avance vers moi. Le rire résonne de nouveau. Il est affreux et ne semble pas produit par un être humain. Tournant les talons, je m'enfuis. J'ai des frissons glacés, en ayant l'impression de sentir un souffle sur ma nuque. Je vais grimper les escaliers à toute vitesse et me réfugier dans ma chambre en claquant la porte. Quelle horreur, la brume m'a suivie et je peux la voir distinctement au milieu de la pièce.

Une voix résonne dans ma tête, doucereuse, insidieuse. Je me souviendrais toute ma vie de ce que j'entends :

N'aie pas peur. Ouvre la fenêtre. Si tu sautes, tu verras comme c'est merveilleux. Tu n'auras plus jamais peur. Vas-y ! Saute !

Elle répète cela en boucle comme une litanie.

Subjuguée, j'obéis. J'ouvre la fenêtre. La maison est haute et l'arrière donne sur un espace cimenté environ sept mètres plus bas. Je grimpe sur le rebord, incapable de penser. Mais au moment de m'élancer, tout le paysage en face de moi se rétracte comme un chiffon froissé en même temps que retentit un fantastique :

— NON !

Cela me libère de l'emprise de l'ombre et cette force, cette énergie salvatrice me fait me retourner et, pointant l'index vers l'ombre, je crie non à mon tour : NON ! NON ! NON ! La brume s'affaisse sur elle-même avec un drôle de couinement et disparaît. A cet instant, ma mère ouvre la porte.

Je suis toujours perchée sur le rebord avec la fenêtre grande ouverte. Affolée, en larmes, elle me tend les bras. Cette scène la poursuivra longtemps.

J'ai aussi beaucoup ris de certaines situations grotesques provoquées par la réaction des gens vis à vis de l'irrationnel. Certains amis de mes parents ont des souvenirs cuisants.

C'est probablement à cause de cette enfance nourrie de brumes et de phantasmes que la Magie demeure mon domaine de prédilection.

Donc, vers ma onzième année, à l'insistance de mon père, on m'inscrivit dans un cours privé. Il fallait me « sociabiliser » (comme les chiots !) et je fis mon entrée dans un établissement fréquenté par des rejetons du beau monde. La directrice était une descendante de la Marquise de Pompadour, la plupart de mes futurs camarades portaient des noms à particule. Il y avait là, les plus grands patronymes de France et je ne fis pas « tache » seulement que par celui de mon père juif : l'arrivée de Mowgli chez les civilisés ne passa pas inaperçue. Timide, solitaire, distante, peu loquace, on me repéra dès le premier jour comme une proie facile. Tout le monde sait que les enfants sont cruels. Se réunissant, avec courage, à plusieurs pour se moquer de moi, ils firent l'expérience du résultat de l'éducation conjointe de mes chiens et des esprits. Dire que je n'étais pas commode est un doux euphémisme. Cela ajouté à quelques phénomènes irrationnels dont l'ensemble de la classe, deux professeurs et la directrice furent témoins, m'assura une scolarité tranquille. Il avait été convenu « pour éviter les problèmes » que quatre rangées de bancs vides me séparent de mes petits camarades. Finalement, tout le monde s'habitua.

La distance avec les autres demeurait et j'en ai toujours souffert. Les humains sont plus intuitifs qu'ils ne le pensent eux-mêmes. Ils se captent les uns les autres et perçoivent aisément la différence. Malheureusement, la plupart d'entre eux réagissent avec agressivité. Je venais de comprendre pourquoi j'avais si peur du monde. Bienvenue chez les humains ! Si l'école m'a appris à faire face et à combattre, elle m'a aussi fait mesurer la bêtise et la cruauté. Je demeure encore aujourd'hui convaincue que nombre de mes semblables sont, par ignorance, plus dangereux que les entités du bas astral.

Toute circonstance de vie est expérience et détermine nos choix. L'être agit plus par la contrainte que par la douceur et les routes douloureuses mènent à la lumière en suscitant de grandes questions. C'est en cherchant nos réponses que nous progressons. La peur de circonstances et phénomènes incompris laissa la place à la découverte de la philosophie, des voies traditionnelles, de la pensée des grands mystiques. Ma vie s'harmonisa entre l'amour des êtres chers, la passion de l'étude philosophique et les contraintes du quotidien. Ma santé se consolida en renforçant mon équilibre et ma force morale. La « différence » apprit à se faire discrète et les rapports sociaux gagnèrent en qualité.

De « sorcière » je devins « médium » ou « voyante » et cela passait mieux.

La communication avec l'invisible restait constante. J'appris à la contrôler, à me protéger en restant réceptive à ce qui était positif. A privilégier le contact, toujours bénéfique, avec la nature, les animaux et avec les sphères spirituelles. Je découvris que nous avons toujours le choix lorsque courage et volonté sont nos alliés.

La magie ne m'a pas quittée cependant. Je lui suis toujours fidèle.

CHAPITRE 4

La rencontre

La découverte d'un livre sur le chamanisme m'avait enchantée. J'y retrouvais des sensations, des sentiments, la description de ressentis qui m'étaient familiers. L'auteur y décrivait comment elle avait été amenée, presque malgré elle, sur un chemin initiatique avec des femmes Créés du Canada. J'ai toujours été attirée par les Nations indiennes Nord-Américaines. La lecture en quelques jours de ce premier ouvrage m'incita à commander les autres écrits de ce même auteur. Je venais de recevoir « Femme jaguar ». Connaissant peu la culture d'Amérique du sud, il s'avérait un peu plus déroutant pour moi par sa description de l'univers des femmes médecine du Mexique. Les circonstances et les personnages décrits étaient encore plus irrationnels.

Par la suite, j'ai lu des critiques sévères sur cet auteur. Certains représentants de tribus indiennes du Canada et d'Amérique du Nord doutant de la réalité de son aventure. Cela s'est déjà produit avec un ouvrage devenu un best-seller : « le troisième œil » de Lobsang Rampa. Avant que l'on ne découvre que l'auteur n'était pas le lama tibétain qu'il prétendait être mais ce livre eut le mérite d'éveiller à la spiritualité de nombreux lecteurs.

A ce moment-là, le récit de l'apprentie chamane me captivait.

Par une belle journée qui n'incitait pas au travail, je lisais donc « Femme Jaguar », lorsqu'un bruit dérangea ma concentration. Indistinct, brouillé, je tendais l'oreille pour l'identifier. Un mélange de sons aigus, cadencés et de chuchotements résonnait dans ma tête. Je me déplaçais dans la pièce sans réussir à modifier ma perception. Agacée, je plaquais mes mains de chaque côté de mon visage et là, je constatais qu'en bouchant mes oreilles, je distinguais mieux ce drôle de bruit. On aurait dit des caquètements d'oiseaux, de perroquets. Puis, je perçus des mots. Le débit était rapide et j'identifiais trois voix différentes : deux aiguës et une plus grave, manifestement féminines.

-       Mais si, il faut le lui dire.

-       Elle ne nous écoutera pas.

-       Il faut essayer.

-       Tu nous dis toujours ce qu'il faut faire. Eh bien, vas-y toi !

        J'interpellai vivement mes mystérieuses voix.

-       Qui êtes-vous ?

-       Ah, ça y est ! Tu nous entends !

-       Oui je vous entends. Qui êtes-vous ?

-       Des femmes-médecine.

-       Quoi ?

-       Des f-e-m-m-e-s - m-é-d-e-c-i-n-e !

-       J'ai compris mais qu'est-ce que c'est que cette histoire ?

-       Ce n'est pas une histoire. Tu dois nous écouter.

-       Qu'est-ce que vous voulez ?

-       T'aider à progresser.

-       A progresser dans quoi ?

-       A devenir une femme-médecine à ton tour.

-       Mais je n'ai rien demandé !

-       Ah ! Mais si, tu as demandé. Mais ça, tu ne t'en souviens pas.

-       Tu crois qu'elle ne s'en souvient pas ou qu'elle fait semblant ?

-       Moi je pense qu'elle fait semblant. Elle se moque de nous.

-       Tais-toi ! Elle ne souvient de rien !

Le concert de caquetages devenait inaudible et s'arrêta net. Je n'entendais plus rien ou plutôt si… un silence reposant.

Inquiète, je fis le tour de la pièce. Ouvris la fenêtre, la refermais. Rien !

Je regardais avec suspicion mon livre, posé précipitamment, en me demandant si j'allais en poursuivre la lecture car là, apparemment, je ne contrôlais rien.

Le lendemain, curieuse, je repris le livre. Je lisais depuis environ un quart d'heure lorsque les chuintements et caquètements recommencèrent.

-       Il va falloir qu'elle se décide.

-       Ça, c'est sûr ! Elle doit venir !

-       Il n'y a qu'à insister.

-       Oh ! les voix ! Je vous entends !

-       Il était temps !

-       Alors arrêtez de parler de moi comme ça.

-       Ah ! Et comment veux-tu qu'on parle de toi ?

-        Au lieu de parler de moi à la troisième personne, parlez-moi !

-        C'est ce qu'on fait depuis des jours. On ne peut pas dire que tu sois rapide !

-        Moi, je trouve qu'elle est lente.

-        Elle a du travail pour développer ses perceptions.

-        Vous recommencez !

-        Bon, d'accord. Alors écoute : nous sommes chargées de te guider. Il faut que tu fasses des efforts. Que tu travailles ton intuition, ta capacité à sentir, à percevoir. Tu as beaucoup, beaucoup à apprendre.

-        Moi je dis que ce n'est pas gagné ! Elle est lente.

-        Vous m'agacez à la fin !

Les voix se turent aussi brusquement que si on avait actionné un interrupteur. Et je me trouvais penaude au milieu de la pièce. Me sentant même un peu ridicule. Ce type d'expérience remontait à l'enfance. Je n'en avais plus l'habitude et cela me convenait. Entendre des voix dans sa tête – et leur répondre – ça peut mener direct à l'asile.

Le lendemain, le phénomène recommença.

-        Il faut que tu viennes !

-        Mais où ?

-        Tu dois nous chercher et nous trouver.

Et les voix se mirent à répéter cela jour après jour sans autre explication.

-        Bon, alors tu te décides ?

Perturbée, déstabilisée par ce phénomène qui se reproduisait apparemment en relation avec ma lecture du récit, je m'entendis répondre au bout d'une semaine de ce petit jeu :

- C'est d'accord. Je vais vous chercher.

- Ah ! Enfin !

- Oui, mais à une condition.

- Laquelle ? Questionnèrent les trois voix ensemble.

- Envoyez-moi une femme jaguar !

- Pour quoi faire ? répondis la voix la plus grave

- Pour me prouver votre réalité.

Silence. Puis la même voix grave répondit :

- C'est d'accord. Tu vas l'avoir ta femme-jaguar !

Je n'entendis plus les voix. Peut-être en avais-je terminé avec cette persécution sonore particulièrement dérangeante qui n'avait aucun sens. Je riais sous cape de m'en être débarrassée à si bon compte. Pas futées les trois petites sorcières !

Deux jours plus tard, le téléphone sonne. Une voix de femme agréable, élégante, sollicitait mes compétences d'astrologue pour l'interprétation de son thème. Elle me confie ses coordonnées natales et je ne réagis pas à l'énoncé de son lieu de naissance : Lima au Pérou. La voix s'exprimant dans un français parfait, je pensais à une française née à l'étranger. Rendez-vous fut pris à mon cabinet pour la semaine suivante. Le jour dit, on sonne à la porte. Ma consultante est à l'heure et je vais ouvrir. Là, stupéfaction ! En face de moi se trouve une ravissante indienne : teint bistre, cheveux noirs, longues nattes dans le dos, bottes et poncho coloré.

J'entends clairement trois voix moqueuses résonner dans mon crâne :

- La voilà, ta femme-jaguar !

L'Indienne me regarde en souriant et me dit :

- Bonjour ma sœur ! On se connaît déjà. Je vous ai « rêvée » et on devait se rencontrer ! Mais, dans ma vision, vous étiez blonde ?

- C'est exact, j'ai eu les cheveux blonds durant quelques années et, depuis peu, j'ai repris ma couleur naturelle.

Ce jour-là commença une histoire d'amitié et un véritable chemin médecine avec ma sœur indienne ... la femme-jaguar.

Chapitre 5

En passant par les Amériques

Tout s'était enchaîné très vite : les voix caquetantes m'annonçant la venue d'une femme-jaguar, ma consultante, quelques jours après, s'avérant justement être une guérisseuse amérindienne.

Il faudrait être bien naïf pour n'y voir que coïncidences, à moins qu'il ne soit courant de croiser des chamanes amérindiennes dans la France profonde ! Comment aurais-je pu me douter que cette « envoyée des esprits » habite tout simplement à trois quart d'heures de chez moi ? Je vivais en Champagne et elle avait épousé un champenois ! Pourquoi ne l'avais-je pas rencontrée plus tôt ? Pourquoi juste lorsque je découvre un livre sur le chamanisme amérindien ? Juste lorsque j'entends ces voix ? Les évènements sont-ils donc préparés depuis longtemps dans l'invisible avant de surgir, comme par miracle, dans notre vie ? Comment gérer l'insolite, l'étrange, l'irrationnel lorsqu'il dérange notre quotidien ? Comment garder son équilibre face à des circonstances si peu crédibles qu'on hésite à les raconter ?

Je me suis souvent demandé si l'invisible jouait avec nous à une sorte de jeu cruel visant à nous éprouver.

J'imaginais deux esprits-guides m'observant depuis leur plan comme les dieux de l'olympe, écartant les nuages pour, ainsi que l'affirmaient les Grecs de l'antiquité, manipuler les humains comme des pions sur un échiquier. Mes esprits à moi : le bon ange et le mauvais passant leur temps à truquer ma réalité en pariant sur ma résistance nerveuse. Organisant savamment l'irruption de l'incroyable dans mon quotidien en supputant :

-       Craquera ? Pour le mauvais ange.

-       Craquera pas ! Pour le bon.

Et le jeu continua… Cela faisait maintenant quelques semaines que j'avais rencontré Carmen. La confiance s'installait au gré de nos longues conversations téléphoniques ou des bons moments que nous passions chez elle.

Elle habitait une petite maison vieillotte qui aurait eu bien besoin d'un peu plus de confort. Mais il y avait Carmen ! Sa magie transformait cette bâtisse en un lieu chaleureux ou chacun était accueilli à bras ouverts. Il y avait tout le temps du monde, entre les amis de mon amie, ceux de son mari, ceux de leurs quatre filles, les voisins, les gens de passage, ceux qui avaient besoin d'aide, d'une guérison, ceux qui ne savaient pas où dormir. Chacun amenait ce qu'il avait à manger et Carmen composait des festins ! Nos soirées finissaient invariablement en chants, danses, rires et partage : l'hospitalité latino !

Carmen avait un parcours atypique. Héritière d'une lignée de guérisseuses péruviennes, elle pouvait se montrer tout à tour instinctive, très animale, spontanée, assénant sans détours ce qu'elle percevait. Et, à d'autres moment, raisonnable, sage, intériorisée. Elle pratiquait les arts martiaux, le yoga. Convertie au Bouddhisme tibétain, elle restait cependant très proche de l'univers magique et de la cosmogonie des amérindiens. Très cultivée, traductrice de formation, elle parle le français et l'anglais à la perfection en plus de sa langue espagnole natale. Sa grande expérience des missions humanitaires l'avait amenée à beaucoup voyager. Mais elle gardait une attitude « magique » qui me fascinait. Son intégration de l'invisible était totale. Elle arrivait à gérer ses obligations de vie, travail, famille, enfants, tout en pratiquant nombre de rituels afin de sacraliser le quotidien. Chez elle, l'ambiance et les rencontres étaient extraordinaires. J'y ai fumé le calumet de la paix avec un indien et vu un chamane ramasser à mains nue des braises incandescentes dans la cheminée.

Les trois voix caquetantes ne me parlaient plus. J'avais eu la preuve demandée mais je ne savais comment « venir les chercher ». Tout était calme et sans attente particulière.

Un jour où il faisait beau, l'éclat du ciel sans nuages inondait le salon. Occupée à classer des livres, une lueur dansante attira mon regard. La pièce était grande et le côté opposé à la fenêtre jouissait d'une légère pénombre. La lueur venait de l'angle gauche au fond et à mi-hauteur. Cela ressemblait au faisceau d'une lampe électrique. Je pensais à un reflet du soleil sur la vitre mais, en regardant plus attentivement, la lueur augmentait de volume. Il se forma une amande lumineuse et au centre … je le vis ! Vêtu d'un jean délavé, d'une chemise à carreaux bleus et blancs tout aussi défraîchie, chaussé de baskets usées, un vieil indien me souriait ! Ses cheveux blancs, très longs, tombaient plus bas que les épaules. Un bandeau noir enserrait son front et la coiffure s'agrémentait d'une longue plume, fixée derrière l'oreille droite et qui pendait dans le cou.

L'indien me dit gentiment :

-       Bonjour !

J'articulai péniblement :

-       Bonjour ! Qui êtes-vous ?

-       Mon nom est Irving White Eagle. Je suis de la nation Cree et je suis ton homme médecine.

Oh ! Mon dieu ! Pensais-je, ça recommence !

- Il te faut venir me chercher.

- Où ça ?

- Aux Amériques.

- Mais je n'ai pas l'intention de voyager !

- Oh, si ! Tu vas venir ! Si tu réussis à me trouver, tu seras mon élève et ton chemin sera achevé.

Sur ces mots, l'indien leva la main gauche en signe de salut. L'amande s'estompa avec la lumière, laissant le mur vide.

Bien secouée, je dus m'asseoir à la cuisine. Lorsque Richard, mon mari, rentra du jardin, je lui fis le récit de cette improbable intrusion. Il accueillit cette nouvelle originalité avec un calme impressionnant.

- Et tu comptes y aller ?

- Où ?

- Chercher ton vieil indien.

- Arrête ! C'est ridicule !

Les jours suivant s'écoulèrent sans vieil indien dans le salon. Le quotidien reprit ses droits en étouffant l'étrange dans les anneaux de sa monotonie.

Un matin, le facteur dépose un paquet pour moi. J'y découvre un livre sur les élixirs du Dr Bach envoyé par une librairie de Châteauroux. La libraire avait joint un mot expliquant qu'il s'agissait d'un cadeau de la part de Mme X, une de mes consultantes, satisfaite de son thème astrologique et qui avait la délicate attention de me remercier par ce présent.

La libraire ayant intégré mes coordonnées à son fichier, continua de m'adresser régulièrement le programme des stages, conférences et autres manifestations à thème ésotérique qu'elle organisait. Au bout de quelques mois, arriva son nouveau dépliant que je consultais distraitement car la distance géographique m'empêchait de participer aux activités proposées. En retournant machinalement le document, une phrase au dos me fit l'effet d'un choc électrique :

Voyage au Mexique – Rencontre avec la tradition Maya.

J'évite autant que possible les voyages qui me fatiguent, je suis phobique de l'avion et n'ai jamais ressenti d'attirance particulière pour le Mexique.

Aussi, étais-je la première stupéfaite de m'entendre déclarer à voix haute :

-       Je dois y aller !

Trépignant littéralement sur place, je composais le numéro de téléphone de la librairie. La responsable me répondit en personne. Oui, c'était elle qui organisait le voyage. Oui, elle avait des contacts avec le chef spirituel des Mayas. Il s'agissait en fait d'assister à l'accomplissement d'une prophétie datant de 520 ans. Des envoyés du Dalaï-Lama seraient présents ainsi que de nombreux participants. Le voyage était cher. L'annonce de son coût me causa un choc. Beaucoup trop cher pour moi. Gentiment, la libraire me proposa de lui adresser un chèque d'un tout petit montant pour réserver, symboliquement, ma participation. Elle ajouta :

-	Si vous devez venir, ayez confiance. Les choses s'arrangeront !

Lorsque mon mari rentra, je ne tenais toujours pas en place. Spontanément il m'assura que si j'avais ressenti ce besoin impérieux, il fallait se décider sans hésiter. Sachant combien toute séparation, même de courte durée, lui est pénible, je mesurais une fois de plus l'étendue de sa générosité et de son amour.

J'adressais, dès le lendemain, la modique participation à la libraire. Au retour de la poste, un point lumineux se forma au-dessus d'une porte dans la cuisine et, dans la petite lucarne ainsi délimitée, je revis le vieil indien qui souriait d'un air complice en hochant la tête.

« Il y a un livre pour toi dans ta boutique habituelle ».

L'indien avait déjà disparu lorsque j'entendis distinctement ces mots.

Le soir venant, il fallait attendre le jour suivant pour me rendre dans ma librairie. Mon rayon favori occupait un mur entier. Je laissai ma main courir le long des ouvrages sans essayer d'en lire les titres et, d'elle-même, elle s'arrêta et saisi un livre : « Les gardiens de la terre » de Jean-Pierre et Rachel Cartier », une enquête captivante auprès des Indiens d'Amérique du nord.

Dans la semaine, la libraire de Châteauroux me téléphone pour me confirmer la bonne réception de mon chèque et ajoute :

Vous allez voyager avec des gens passionnants. Ils sont écrivains et je vous recommande de vous procurer leur livre « Les gardiens de la terre » qui est en rapport avec notre voyage.

- Ils seront là ?

- Oui, nous avons rendez-vous à l'aéroport. Ils nous accompagnent.

Hasard ? Vous avez dit hasard ? Hasard encore, la somme providentielle et inattendue arrivant à la date limite de clôture des inscriptions ?

J'ignorais à l'époque que ce voyage « aux Amériques » était nécessaire afin que je retrouve des clés d'interprétation de mes propres traditions, que je reconnecte avec les énergies de « ma » terre.

En route pour le Mexique, à l'escale nord-américaine de Houston, notre groupe attend l'embarquement pour Cancun, première étape mexicaine. Les Cartier s'approchent en souriant et s'assoient à côté de moi en engageant la conversation. Brusquement, Jean-Pierre me questionne :

- Pourquoi viens-tu au Mexique ?

- Pour assister aux cérémonies Mayas.

- Oui, d'accord. Mais dis-nous ce qui t'a vraiment incitée à venir.

Ce couple dégage beaucoup de sympathie. Ils semblent tous deux percevoir autre chose. Je me sens en confiance et décide de leur parler de ma vision. Tant pis s'ils me prennent pour une folle. Mais la réponse de Jean-Pierre est stupéfiante.

- Mais je crois qu'il existe ton White Eagle ! Il est connu au Canada. Si tu le cherches, ça n'est pas au Mexique que tu le trouveras. Contacte la chef des Cheerokees de notre part, elle devrait pouvoir te renseigner.

Et il inscrit un nom et une adresse sur un petit morceau de papier déchiré à la hâte.

Ma sœur indienne, à qui j'ai confié cette histoire en rentrant du Mexique, a questionné un homme-médecine amazonien avec lequel nous avons travaillé. Après quelques instants de réflexion, il lui a donné cette réponse :

-       Anna doit comprendre que White Eagle n'existe pas en dehors d'elle. Il est son homme-médecine, c'est à dire sa part masculine. Lorsqu'elle l'aura retrouvé au centre de son être, dans sa grotte sacrée, cela signifiera qu'elle est complète et oui, alors, son chemin prendra fin.

Je crois qu'Amarunina l'amazonien a parlé juste. Le voyage n'est qu'un prétexte, une circonstance pour conscientiser l'expérience. Il n'est peut-être pas utile que j'emprunte un traîneau et des chiens pour affronter les solitudes glacées du Nord Canadien, bien que ce nouveau voyage favorise, à n'en pas douter, d'autres « rencontres ». Je sais maintenant qu'Irving White Eagle a établi sa demeure dans mon cœur. Je ne l'y ai pas encore rejoint et ma route doit continuer.

Chapitre 6

Le prêtre Jaguar

Mexique, Palenque, état du Chiapas. L'hôtel « Toucan » bordant la jungle, une simple clôture grillagée fait office de frontière. Les chambres attribuées à notre groupe s'alignent en enfilade sur une mezzanine de bois. Je partage la mienne avec une autre française, Aimée. Nous avons hâte de poser nos sacs de voyage et d'effacer par une douche fraîche la sueur qui trempe nos vêtements. 45° degrés et 90% d'humidité nous font ruisseler en permanence. Mon amie s'apprête à investir la salle de bain la première et je vais commencer à sortir mes affaires pour les défroisser lorsqu'un vacarme s'élève à l'extérieur. Un choc lourd dans la coursive, suivi d'un grognement puis d'un raclement sur la porte de notre chambre. Des voix affolées crient et s'exclament :

- Tu as vu ! C'était quoi cet animal ?

On frappe à notre porte. Aimée dont le visage a viré au livide, me supplie :

- Non ! N'ouvre pas !

Les coups dans la porte redoublent et je reconnais la voix de deux français participants du groupe. Rassurée, ma compagne me fait signe d'ouvrir. Les deux amis nous racontent alors que, sortant de leur chambre située au bout de la mezzanine, ils ont vu un animal de grande taille derrière notre porte. Inquiété par leurs cris, il a bondi vers le jardin et probablement la jungle. Nous regardons l'extérieur de la porte : le bois est labouré par trois entailles profondes. C'était un jaguar ! Terrorisée, Aimée aura beaucoup de mal à s'endormir. Nous parlons tard dans la nuit jusqu'à ce qu'un sommeil lourd ai raison des angoisses.

Je rêve : la jungle bruisse d'une infinité de sons. Il y a des cris de singes hurleurs, d'oiseaux et de plus ténus que j'identifie comme produits par des insectes. Assise sur une souche, je hume des odeurs délicieuses, acidulées, fruitées, chaudes. La jungle transpire et cela me ravit. Soudain un mouvement crée des ondes vibratoires que je capte par mes moustaches. Mes moustaches ? Je réalise à cet instant que je suis un félin. Je sens une proie et mes muscles tressaillent, se préparant à l'action. Un bond... et je m'enfonce dans la jungle. Ma course s'accélère. L'impression est prodigieuse. Il me semble voler tellement mes sauts sont puissants. Le vent de la course caresse mes flancs. Je localise ma proie sans effort et en ressent une joie prodigieuse. Puis, la scène change brutalement. Je suis dans une caverne. Un feu brûle mais il fait sombre et je ne distingue que des ombres projetées sur la paroi. Une musique étrange rythme des chants gutturaux aux accents sauvages. Des hommes dansent. Une silhouette passe devant mes yeux. Elle porte une peau de bête qui lui couvre le dos. Les pattes avant de la dépouille sont fixées par des lanières à ses bras et des griffes redoutables terminent ses mains. Il approche son visage et c'est un fauve ! Le réveil est rude. Il me faut quelques instants pour réaliser que je suis dans la chambre d'hôtel. Le jour se lève à peine mais la lumière naissante est suffisante pour que je distingue dans le lit d'à côté une silhouette de dormeuse. Mais, au pied de mon lit, une deuxième silhouette immobile me fixe, les bras levés, les griffes tournées vers moi. Un homme jaguar ! Je crie et Aimée se réveille en sursaut. Je voudrais tout lui raconter mais les seuls sons que j'émets sont des grognements. Je suis tellement enrouée qu'il me sera impossible de proférer une parole cohérente de la matinée. Je déjeune, gênée de ne pouvoir répondre au serveur ou à mes amis qui me regardent d'un air suspicieux.

Nous avons rendez-vous en fin de matinée pour participer à une cérémonie. Les bâtiments du temple délimitent une cour quadrangulaire. Réunis sur l'esplanade centrale, nous sommes nombreux à faire face à des degrés de pierre sur lesquels repose une pierre gravée. Environ 200 personnes à qui il est demandé de se positionner en carré par rang de 20. Je me retrouve au premier rang. Les envoyés du Dalaï-lama sont déjà là entourant la pierre sacrée. Nous n'avons pas encore vu le chef Maya. Les Tibétains entonnent des chants, des mantras et voici qu'arrive Hunbatz. A la vue de sa tenue, je me sens pétrifiée : torse nu, ceint d'un pagne or et turquoise, il porte sur son dos une peau de jaguar. Il marche lentement devant nous, remontant le carré immobile que nous formons. Arrivé à ma hauteur, il s'arrête, me fait face, lève les bras en dirigeant ses mains crispées en forme de griffes dans ma direction et pousse un feulement profond. Je vois une ombre sortir, telle une fumée, de son plexus et pénétrer en moi par le mien. On dirait une panthère noire. Un léger vertige me fait vaciller. Je sens la moitié de mon être devenir l'autre : le prêtre jaguar. J'ai, pour moitié, mes perceptions habituelles et, pour moitié, de nouvelles parfaitement étrangères, les siennes. C'est l'une des expériences les plus déroutantes qu'il m'ait été donné de vivre. Elle durera pendant tout mon séjour au Mexique et disparaîtra dans l'avion du retour. Plus tard, Hunbatz me dira :

-       As-tu découvert quel était ton animal totem ?

Bien sûr, il connaît déjà la réponse. Il ajoute cependant :

-       Tu n'as rien à craindre de ton animal totem si tu le rencontre. Il ne t'attaquera jamais mais, au contraire, te protégera si tu es en danger. C'est un pacte entre vous.

J'ai, par la suite, expérimenté l'incorporation de différents esprits animaux familiers ou sauvages : chiens, chats, chevaux. Dans nos forêts de France ou d'Europe, il est possible d'entrer en relation avec l'esprit du sanglier, du cerf, du blaireau. J'ai expérimenté celui de la buse, de l'aigle pêcheur, de la belette, du renard, en constatant que plus l'animal est gros, puissant, plus c'est facile. Il ne reste plus beaucoup de loups dans nos contrées. Plus assez pour que l'incorporation avec l'esprit de groupe soit aisée. C'est dommage. Quelle noble bête, infiniment courageuse, fidèle et dévouée à son clan, a sa famille. Le loup a beaucoup à nous transmettre. En tuant les loups, l'homme fait disparaître une expression de la sagesse et s'isole un peu plus de la nature.

Tuer un animal n'est acceptable que si le chasseur a faim et cherche à se nourrir ou à nourrir sa famille. Cela, le monde animal le comprend et l'accepte. Mais tuer une créature animale lorsque son garde-manger est plein est une faute grave qui sera lourdement compensée. Chaque goutte de sang répandue inutilement se paye au centuple. Les chasseurs qui se croient, ou se prétendent gardiens de la nature devraient le savoir. Mais, pire encore, sont les conditions d'élevage et d'abatage des animaux destinés à la consommation. Nombre de calamités s'abattent sur les hommes à cause de cela.

Mais le Mexique réservait encore des surprises.

Ne me sentant pas le courage de faire ce grand périple seule, j'avais demandé à deux amis de m'accompagner. C'étaient des frères de loge rencontrés bien des années auparavant dans le cadre de la société initiatique à laquelle j'adhérais. Nous avions déjà en commun bien des expériences, partagions de nombreux points de vue et une solide amitié fraternelle. Leurs épouses respectives acceptèrent avec beaucoup de générosité le projet de ce voyage. Nous voici donc tous trois au Mexique. Les deux amis partageant une même chambre et moi celle d'Aimée. Nous étions au Yucatan et devions partir le surlendemain pour la cité de Palenque, dans l'état du Chiapas. Après un diner fort convivial avec le reste du groupe francophone, nous rejoignons nos chambres respectives pour prendre un repos nécessaire. Les déplacements sont nombreux et dans chaque lieu visité, se déroulent des cérémonies avec les Mayas qui nous obligent à de longues stations sous un soleil de plomb. Le climat est rude et nous sommes souvent fatigués. La tête à peine posée sur l'oreiller, le sommeil nous engloutit.

Et je rêve… devant moi, il y a comme un rideau d'eau. J'avance les mains en avant et traverse ce rideau. Ce n'est pas de l'eau, plutôt des ondes. De l'autre côté, l'environnement est complètement différent. Je retrouve mes deux amis dans une cité inconnue. De magnifiques bâtiments parsèment un espace immense. La jungle entoure le lieu. Brusquement, nous nous retrouvons tous les trois sur l'esplanade surélevée d'un temple. Face à nous, une foule indienne est massée dans un espace dégagé. Les yeux tournés dans notre direction, ces gens semblent attendre. Une voix résonne et dit : « Parlez-leur. Ils attendent un message. Ils ont besoin d'aide. Dites-leur que vous allez les aider ». Nous nous regardons tous les trois avec inquiétude car nous ne savons pas ce que l'on attend de nous. La scène change. Nous voici dans le salon d'un appartement dont la fenêtre donne sur une ville. Je sais qu'il s'agit de Mexico. Sur un canapé sont assis deux militaires mexicains dont l'allure et les décorations donnent à penser qu'ils sont d'un grade élevé. Nous leur faisons face, installés dans des fauteuils et je « nous » entend, avec stupéfaction, expliquer à ces militaires que le gouvernement mexicain doit accorder plus de liberté au peuple Maya. Nous défendons avec passion et véhémence des arguments politiques et humanitaires pour la reconnaissance des droits de ce peuple, célébrer leurs cérémonies, enseigner leur langue, cultiver leur terre. Les militaires nous écoutent avec gravité mais ne semblent pas disposés à se laisser convaincre, ni à accorder les promesses que nous sollicitons. La scène change de nouveau. Je suis seule devant le rideau d'ondes que je traverse pour me retrouver… dans mon lit.

Quel rêve surprenant. Il est d'un tel réalisme que j'ai plus l'impression d'avoir vécu une projection.

J'ai l'intention d'en faire part à mes amis et m'empresse de me préparer pour les rejoindre à la salle à manger de l'hôtel. Ils sont déjà attablés devant le petit-déjeuner. Si l'un semble hilare, l'autre montre un visage furieux. Il n'arrête pas de dire : « Je n'accepte pas d'être traité comme ça ! ».

- Que vous arrive-t-il ?

L'ami hilare répond :

- Il s'est produit quelque chose d'étrange cette nuit.

- Moi, j'ai fait un drôle de rêve.

- Nous aussi !

Et nous voilà nous racontant … le même rêve !

C'était incroyable ! Tout concordait dans le moindre détail.

Qu'est-ce que cela pouvait signifier ? Ce qui avait mis notre ami en colère, c'est le sentiment d'avoir été manipulé.

Lorsque nous découvrirons, quelques heures plus tard, la cité de Palenque, nous aurons la surprise de reconnaître, l'esplanade, le temple et sa terrasse du rêve. Nous comprendrons que ce rêve collectif a été provoqué afin de nous sensibiliser aux grandes difficultés et souffrances que rencontraient les Mayas face au gouvernement mexicain. L'un de nos guides indigènes nous demanda plus tard d'intervenir, à notre retour en France, afin de susciter un mouvement qui ferait pression sur les autorités. Nombre de participants à ce voyage de 1996 le firent. Pour tard, nous aurons connaissance de l'action de Mme Danielle Mitterrand dans le cadre de sa fondation « France-Libertés » avec son action pour les droits de l'homme et de son voyage au Chiapas au cours duquel elle rencontra le sous-commandant Marcos, chef des rebelles Zapatistes.

Ces mêmes Zapatistes que nous avons rencontrés, vers la fin de notre voyage, dans la jungle du Chiapas. Ils nous ont expliqué leur situation et leur détresse nous a infiniment émus.

Les chamanes amérindiens ont bien des facultés surprenantes. Voici une savoureuse anecdote dont je fis « les frais » si l'on peut dire.

Le car qui nous emmenait vers le Chiapas était climatisé. Ce qui veut dire 16° à 18° alors que dehors, il en fait 45 °. Nous étions partis tôt ce matin avec seulement deux bus. Les affrontements entre l'armée mexicaine et les rebelles Zapatistes ayant effrayés beaucoup de participants, en majorité des américains, qui avaient préféré ne pas venir de peur d'être pris en otage. Cette région étant le fief des

Zapatistes, nous savions que l'armée mexicaine se dirigeait par là et beaucoup parlaient de risques d'affrontements. Les français, belges, canadiens, écossais, qui avaient maintenu leur participation étaient ou plus courageux ou plus inconscients. Aucune halte prévue pour le déjeuner, chaque chef de groupe ayant en charge de faire préparer des en-cas pour le midi. Au moment où les responsables ouvraient les rangements du bus pour en sortir les sandwichs, notre guide française constata son oubli. Elle n'avait pas emporté les 17 boites repas prévues pour son groupe. Confuse, elle nous en fit part en s'excusant. Le chef Maya sentant le malaise appela le traducteur (un maya trilingue) qui lui expliqua l'incident. Le chef en paru très affecté et fit demander au reste du groupe de bien vouloir partager leurs en-cas. C'était pour les Mayas impensable de manger en laissant d'autres le ventre creux. Très gentiment, un canadien s'approcha de moi pour partager. Je le remerciai chaleureusement tout en lui assurant que je n'avais pas faim du tout et refusais la moitié de ce qu'il m'offrait. En fait, j'avais proféré un gros mensonge. J'avais faim, mais si vous imaginez ce que donne un sandwich qui a voyagé entre 45° et 18° avec un taux record d'humidité, vous me comprendrez. Cela finit par ressembler à un amas spongieux d'œuf dur délité au milieu de fromage gluant. Beurk ! Je pensais « Il est vraiment gentil ce canadien, mais moi j'ai une envie folle de crevettes. Oui, des belles crevettes fraîches avec de l'ail » J'en avais littéralement l'eau à la bouche. Le chef Maya était assis à deux rangées de moi. Je le vis sursauter, puis faire signe au traducteur et lui chuchoter quelque chose à l'oreille en lui désignant le micro qu'il utilisait pour ses annonces. Le traducteur, étonné, hésitait. D'un geste péremptoire de la main, le chef lui ordonna d'obtempérer.

Le traducteur nous annonça alors :

- 		Il semble qu'il y ait quelqu'un parmi vous qui souhaite manger des crevettes ! Donc nous allons faire un détour pour le littoral où nous nous arrêterons dans un restaurant dont c'est la spécialité.

Un murmure réprobateur répondit à l'annonce. Je m'enfonçais dans mon siège, très gênée, tout en me demandant si c'était mon souhait qu'avait capté le chef. Les occupants du bus, contrariés de ce changement dans l'emploi du temps, s'interrogeaient du regard pour deviner qui était le perturbateur.

Après un détour de deux heures, les bus déversèrent leur flot d'aventuriers dans une sorte de paillotte au bord de l'océan. Les poissons étaient péchés un peu plus loin et aussitôt ramenés en cuisine.

Finalement, de suaves odeurs eurent raison de la mauvaise humeur de certains. Tous s'attablèrent et commandèrent un plat. J'allais déguster les plus délicieuses crevettes à l'ail de ma vie ! Je n'avais pas osé en parler à mes deux amis, mais le chef maya s'approchant de notre table me dit :

- 		Tu les as eues tes crevettes ? Elles étaient bonnes ? On peut repartir maintenant ?

J'opinais, rouge de confusion devant les regards courroucés de certains et l'interpellation amusée de mes amis.

- 		Ah ! C'était toi !

Qui voudrait dire après cela que la télépathie n'existe pas. Oui, on peut communiquer d'esprit à esprit. On peut le faire avec des humains, avec des animaux, avec des plantes, avec des lieux, avec tout ce qui est énergie.

Chapitre 7

Communication avec l'esprit

Communiquer avec l'esprit est fondamental dans le chemin chamanique. L'esprit est en tout. Il est le Tout.

L'intégration de ce concept éclaire cette démarche si l'on admet que chaque chose existante en ce monde est d'abord constituée de pur esprit avant que, par la densification des vibrations qui la composent, elle ne devienne perceptible à nos sens. Chaque entité vivante, humaine, animale, végétale, minérale, tout ce qui s'exprime par la matière et dans la matière, vient de l'esprit et n'est constituée que de cette substance unique universelle qui n'est peut-être que de la lumière sous différents états, du plus dense au plus subtil.

Peu importe que l'on soit croyant ou pas. La science commence à envisager que cette matière-lumière est intelligente. Ceux qui ont vécu une expérience de mort imminente l'affirment unanimement.

L'on peut donc communiquer avec ce qui nous entoure aussi bien qu'avec ce qui relève d'une autre dimension. Il n'y a, dans la pratique, pas de différence.

Commençons avec l'esprit des plantes.

Carmen recevait chez elle un homme médecine amazonien de la tribu des Ashaninkas.

Elle avait déjà travaillé avec lui et m'avait proposé de l'inviter à venir en France afin de favoriser la connaissance des pratiques chamaniques amérindiennes.

Nous souhaitions que notre amitié, notre « sororité» partagée aboutisse à créer un pont entre nos cultures. Nous rendant compte des similitudes profondes de nos vécus respectifs. Rouge ou blanche, amérindienne ou française, nous nous ressemblons, sentons et percevons une même vision du monde. Nos pratiques se croisent, se ressemblent et semblent issues d'une même source.

Nous avions donc organisé des rencontres, dont celle entre cet homme médecine amazonien et les personnes intéressées. Dans l'attente d'une cérémonie du feu prévue chez Carmen, nous passions l'après-midi avec Amarunina.

Une voisine de Carmen arriva avec son petit garçon victime d'un accident récent. L'enfant ayant fait une chute sur le carrelage de la cuisine, face en avant, présentait, d'après les médecins, une fêlure au palais. Sa maman souhaitait l'avis du guérisseur. Le chamane ignorait ces faits et lorsque l'enfant fut amené devant lui, il ne posa pas de question. Se bornant à passer les mains au-dessus du petit visage. Amarunina ne parlant pas français, Carmen traduisit son discours. Il décrivit la chute et la fêlure mais sembla dérangé par la proposition des médecins de mettre une sorte de broche pour consolider le palais. Il dit qu'il conviendrait de poser un onguent élaboré à partir d'une plante. Carmen lui fit remarquer qu'il citait une plante de chez lui introuvable en France. Le chamane lui répondit :

-       Tu as raison. Allons dans ton jardin voir si on peut trouver quelque chose.

Carmen avait un petit coin réservé aux plantes aromatiques et médicinales. Amarunina regardait attentivement les plantes et plaçait ses mains au-dessus en fermant les yeux. Il passa ainsi de l'une à l'autre avant de s'arrêter en s'exclamant :

-         Celle-là convient !

Je connais les plantes et fut intriguée de voir qu'il avait choisi la grande consoude (symphitum officinalis) qui était fréquemment utilisée depuis l'antiquité pour consolider les fractures. Je lui demandais :

-         Tu la connais ? Pourquoi choisis-tu celle-là ?

Sa réponse fut :

-         Non, je n'en ai jamais vu, mais elle a la même vibration que la plante d'Amazonie dont je parlais tout à l'heure.

Ainsi, l'information passait de l'esprit dans la plante à l'esprit du chamane. Je peux témoigner que cela donne des résultats concrets.

Dans notre jardin, un plaqueminier dépérissait. Malgré les soins avisés de mon jardinier de mari, l'arbre, après avoir prospéré durant plusieurs saisons, devenait rabougri au point que Richard envisageait, désolé, de le retirer. Je tentais une relation avec la plante et, dans mon esprit, s'imprima le message suivant :

-         L'arbre est épuisé. Il ne peut plus faire monter la sève. Placez une autre plante contre lui. Une plante grimpante qui s'enroulera autour de son tronc et l'aidera à faire remonter la sève.

Informant mon mari de la suggestion, il planta une renouée contre le plaqueminier. Rapidement, les deux sujets semblèrent s'apprécier et donnèrent de beaux signes de développement. Le plaqueminier fut sauvé !

Des recettes seront ainsi « suggérées » et appliquées avec succès dans nos jardins, suscitant parfois l'étonnement des voisins agriculteurs ou maraîchers. Au début, ils nous considéraient comme des originaux –terme gentillet masquant des noms plus explicites comme « fêlés » ou « cinglés » - et, puis ils finirent par venir discrètement solliciter un conseil, une préparation ou un élixir.

Les pratiques chamaniques usent des plantes en fumigations pour divers usages. Cette pratique est très ancienne et répandue à travers le monde. Des archéologues ont retrouvé des vestiges attestant de cet usage chez les celtes. Ils préparaient des mélanges à bruler dans le but de favoriser le contact avec l'invisible ou de nettoyer lieux, personnes ou bêtes.

Voici un rituel commun aux différentes cultures chamaniques pour nettoyer un lieu de toute rémanence négative et pour assurer sa protection avec l'énergie des plantes. Si le rituel est le même, le choix des plantes diffère selon le territoire. Je recommande de privilégier les plantes locales. Le célèbre médecin-alchimiste de la Renaissance, Paracelse, disait : « Chaque lieu génère ses maux et ses remèdes ».

Préparer un mélange de sauge et de lavande. Les plantes seront soigneusement séchées, légèrement brisées et mélangées à part égale. Dans un récipient résistant à la chaleur, mettre un peu de ce mélange et l'enflammer. Il est recommandé de poser le bol sur un support – brique ou planche de bois - car il va devenir très chaud. Les plantes contiennent assez de substances inflammables pour ne pas avoir besoin d'un charbon. La fumée sera abondante. Portes et fenêtres closes, faites le tour du lieu en démarrant par la porte d'entrée et en circulant de droite à gauche. Il ne doit y avoir présent que l'opérateur avec éventuellement un assistant. Pas d'enfants, ni animaux, ni témoins curieux. Remettre régulièrement une pincée du mélange pour que la fumigation soit constante. Devant chaque ouverture, porte ou fenêtre, opérer un signe en croix avec le bol contenant le mélange. La croix étant considérée comme un symbole antérieur au christianisme. Le signe en croix « barre » les influences néfaste et clos l'espace à protéger. Tout le lieu doit être traité en n'oubliant aucun espace fermé, placard, dessous d'escalier, cave, réduit, etc. Une fois la déambulation terminée, ouvrez les fenêtres en grand. Il peut être nocif de respirer trop longtemps une fumigation. Changez l'air. L'atmosphère sera purifiée, allégée. Cette pratique est recommandée après une contrariété, une dispute, la visite d'une personne mal intentionnée, l'accumulation de soucis. Malgré sa simplicité, elle s'avère vraiment efficace.

Finalement beaucoup de personnes avouent parler à leurs plantes.

Parmi les expériences relatées dans le livre « La vie secrète des plantes « de Peter Tomkin et Christopher Birds » (1975, éd. Robert Lafont coll. Les Énigmes de l'Univers, trad. Liliane Flournoy) il est fait mention du fait que l'on a pu mesurer des émotions comme la peur, le stress sur des plantes reliées à un détecteur de mensonge.

Des démarches comme Findhorn ou Perelandra ont fait le tour du monde.

En 1962, le couple Caddy est licencié, sans qu'ils en comprennent vraiment la raison, de leurs postes à responsabilités dans un grand hôtel de Cluny Hill en Ecosse. Sans emploi et sans revenus, ils voyagent dans deux caravanes avec leurs trois enfants et une collaboratrice et amie, licenciée en même temps qu'eux. Commence une période difficile d'errance. Pas de travail et des revenus qui diminuent. Le groupe est fatigué et démoralisé. Ils décident de se fixer dans un lieu pourtant inhospitalier de prime abord situé dans la baie de Findhorn. C'est un endroit froid et venteux au nord de l'écosse. La terre y est pauvre. Le sol est constitué surtout de sable et la végétation est rare. Malgré de nombreuses démarches, Peter ne retrouve pas de travail et à bout de ressources, à l'idée de planter un potager. Il n'a pas de connaissances dans ce domaine. Mais les Caddy et leur amie, Dorothy, sont adeptes de la méditation. Ils la pratiquent quotidiennement. Bientôt Eileen et Dorothy vont recevoir des instructions précises de la part de ce qu'elles nommeront les « esprits de la nature ». Ces directives sont appliquées scrupuleusement et bientôt des résultats spectaculaires se produisent. Un véritable prodige. La taille et l'abondance des légumes sont stupéfiantes. Le phénomène prend de l'ampleur. Non seulement le petit groupe récolte suffisamment de légumes puis de fruits pour leur usage quotidien, mais il y a un surplus qu'ils commencent à distribuer aux habitants. Le développement des végétaux et la présence d'espèces qui habituellement ne vivent pas sous ce climat difficile va attirer l'attention du public. Un scientifique renommé viendra sur place constater ce qu'il déclare « impossible".

La légende des jardins de Findhorn est née.

Les fondateurs, Eileen et Peter Caddy ainsi que Dorothy Mac lean, soutiendrons toujours qu'ils sont rentrés en contact avec l'énergie de la nature et que c'est en communiquant avec cette énergie intelligente que toutes les techniques de Findhorn seront élaborées.

L'expérience a pris de l'ampleur avec la création d'une fondation. Aujourd'hui le savoir acquis est partagé au travers de cours, de livres, de formations. Des terres et des bâtiments ont pu être achetés. Le lieu accueille des milliers de visiteurs chaque année. Les jardins sont merveilleux et gardons à l'esprit qu'ils représentent quelque chose d'incroyable pour cette région. Cela ouvre des perspectives passionnantes pour un monde qui craint la pénurie.

Une autre réalisation hors normes est née aux Etats-Unis. Il s'agit de Perelandra.

Machaelle Small Wright est américaine ; elle va développer le concept du jardin co-créatif. Son enfance et douloureuse et favorise une intériorisation et une sensibilité particulière. Mais la vie lui fait cadeau d'un compagnon précieux : Clarence avec lequel elle partage beaucoup de choses. Ils vont s'installer dans les années 1970 en Virginie. Machaelle connait l'expérience de Findhorn. Elle a envie d'aller dans cette voie mais ne sait pas vraiment comment s'y prendre. L'idée lui vient de se rendre dans la forêt proche de son jardin et de déclarer à haute voix qu'elle souhaite coopérer avec l'énergie de la nature. Elle raconte dans ses livres qu'alors lui parviennent toute une série de recommandation qu'elle va vite appliquer. Les résultats seront magnifiques Elle donne à son jardin le nom d'un roman de C.S Lewis qui a également écrit les chroniques de Narnia. Bientôt, toute une gamme d'élixirs issus de cette relation avec l'esprit de la nature seront élaborés. Perelandra est aujourd'hui un centre renommé dont la mission est d'illustrer les bienfaits d'une agriculture issue de l'alliance entre les différents règnes de la nature. Le concept de co-créativité se partage de plus en plus et peut être appliqué à différents domaines.

J'aimerais encore citer l'histoire de « l'homme qui parlait avec les plantes ». Don José Carmen Garcia Martinez nous affirme que les plantes peuvent nous apprendre comment les cultiver « les gens qui ne développent par leur culture sont ceux qui ne changent pas leur manière de penser. Les plantes ont une vie comme n'importe quelle personne, n'importe quel animal, n'importe quelle chose. Il faut apprendre à les connaître, les traiter avec douceur, elles le comprennent, elles savent. ». Il ajoute : « Pour moi, le

meilleur fertilisant, c'est la conversation avec les plantes. »
(Source : http://au-bout-de-la-route.blogspot.fr)

Don José a réalisé des prodiges en matière de taille des plantes et de quotas de production. Il collabore avec l'Université d'agronomie de Chapingo.(Mexique) Sous le contrôle du Pr Nicolas Cerda, spécialiste des sols, des expériences ont été menées dans le but de comprendre si les résultats exceptionnels obtenus par Don José - tels des choux de 45 Kg ou un rendement d'oignons géants de 110 tonnes par hectare alors que le rendement habituel est de 16 tonnes - étaient reproductibles dans d'autres lieux que la ferme de cet agriculteur hors normes. Les faits apportèrent une incontestable crédibilité aux pratiques de Don José. Bien sûr, cela dérangea quelques multinationales qui craignent de perdre le contrôle des cours et du marché mondial.

Il serait bon que des phénomènes comme Findhorn, Perelandra, Don José Garcia soient plus médiatisés qu'ils ne le sont à un moment où notre monde craint une pénurie alimentaire mondiale.

Si le fait de communiquer avec l'esprit du vivant fait sourire les esprits matérialistes, nombreux sont de nos jours les êtres pour qui cela ne semble pas impensable.

C'est grâce à cette ouverture de l'esprit à des réalités auxquelles la science accèdera bientôt que la Terre trouvera un espoir.

Du végétal, passons tout naturellement à la communication avec le monde animal.

Certains disent que les animaux n'ont pas d'âme. Qu'en savons-nous ? Il est certains qu'ils ont une conscience, des sentiments, une intelligence trop souvent assimilée à un simple instinct.

Mon enfance entourée par des chiens m'a convaincue du niveau élevé qu'ils peuvent atteindre. Mes chiens m'avaient enseigné à « sentir » une présence étrangère sans la voir avec les yeux. Un dimanche après-midi, je jouais au salon près de mes parents qui bavardaient. Soudain, je « sens » des présences humaines à l'extérieur. Dans le grand jardin de la maison l'espace avait été violé, j'en étais sure, je le ressentais physiquement. Je le dis à mon père qui se mit à rire en répondant :

-        Et tu sais ça comment ?

Deux de mes chiens couchés à mes côtés levèrent la tête et commencèrent à grogner. Intrigué mon père sortit de la maison. Il revint quelques instants après, penaud, obligé de reconnaître que deux enfants avaient perdu leur ballon dans notre jardin et, n'osant pas sonner pour le réclamer, avaient franchis le mur pour le récupérer. Contrarié, mon père murmura en passant à côté de moi :

-        Toi, il va falloir qu'un jour tu m'expliques !

J'ai toujours été entourée de chiens. Ils ne m'appartiennent pas : amis, compagnons, je me considère comme leur « gardienne ». Ce sont eux qui m'adoptent. Ils sont des maîtres pleins de sagesse et d'amour. Un chien ne devient méchant que parce qu'un ou des humains l'ont maltraité. Pour moi, un animal n'est jamais méchant. Il peut être dangereux parce que sauvage et étranger à l'homme. Les problèmes surviennent lorsque l'humain envahi le territoire d'un animal ou qu'il se comporte de manière imprudente. Il faut de grandes connaissances d'une espèce et beaucoup de respect pour nager avec des requins, manipuler des reptiles, approcher des grands singes, des fauves ou des loups.

Communiquer avec l'esprit animal demande respect, amour et humilité. Personne ne domine l'autre.

Voici le récit d'un contact avec un rapace.

Le salut de Kyria

Revenant à la maison, en fin de matinée, nous sommes, Richard et moi en voiture et longeons le pré mitoyen au bas de notre propriété. Mon attention est attirée par un mouvement dans le ciel. Des oiseaux tourbillonnent en descendant et je constate qu'il s'agit d'un groupe de 6 ou 7 corbeaux qui attaquent une buse. Fondant sur elle à la suite les uns des autres, les corbeaux lui assènent des coups de bec qui à la tête, qui à la base des ailes. Soudain la buse, qui semblait fuir désespérément sans chercher à se défendre, tombe comme une pierre au sol. Les corbeaux l'entourent et continuent de la frapper. Je crie à mon mari de stopper la voiture et m'élance dans le pré en hurlant et en faisant de grands mouvements avec mes bras. Les corbeaux surpris se tournent vers moi mais ne sont pas décidés à lâcher leur victime. Je ramasse quelques cailloux et les lance dans leur direction en prenant soin de ne toucher aucun oiseau. Mais, je crie de plus belle ; « Assez, ça suffit ! Allez-vous-en ! » Un corbeau s'avance vers moi, menaçant. Je ne cède pas et continue de marcher vers le groupe d'un air déterminé et franchement furieuse. Enfin, ils abandonnent le combat et s'envolent avec des cris indignés. Certainement suis-je en train de recevoir une belle bordée d'injures.

M'avançant toujours, je vois la pauvre buse tenter de se redresser. Elle semble bien mal en point.

Elle est étourdie et son aile droite pend lamentablement. Comme je suis un peu trop près, elle tente de s'enfuir et, visiblement, ne peut plus voler. Elle sautille péniblement, prête à accepter sa fin.

Retournant à la voiture, je prends mon téléphone portable et contacte notre vétérinaire que nous avons habitué depuis des années à nos sauvetages insolites. Je sais qu'il adore les oiseaux. Effectivement mon récit l'émeut et il me conseille de ne pas abandonner le rapace condamné à une fin lamentable. Notre forêt regorge de prédateurs, pas seulement humains.

-   Prenez une caisse en carton, une paire de gants ainsi qu'une couverture et capturez la buse.

Il se propose de l'examiner avant de contacter le Parc Régional sur le territoire duquel nous habitons.

Un aller-retour éclair à la maison et me voici équipée suivant ses conseils. La buse n'a pas bougé. Par contre, elle n'apprécie pas du tout mes tentatives très maladroites de la recouvrir avec la couverture. De près, elle est beaucoup plus grande que je ne le pensais, son bec et ses serres sont redoutables. Elle met toute l'énergie qui lui reste à m'intimider et y réussit ! Nouveau coup de téléphone. Mon vétérinaire comprend mon manque de technique de capture et suggère :

-   Elle a peut-être l'aile brisée. Elle ne peut pas rester sans nourriture. Allez chez le boucher du village acheter du bœuf coupé en morceaux et apportez-lui. Avec un peu de chance, si elle se nourrit, nous pourrons voir l'évolution de l'état de son aile. Tenez-moi au courant.

Aussitôt, je fais une provision de morceaux de bœuf en racontant au boucher que je veux faire un « bon bourguignon » et reviens à l'endroit du pré où était la buse.

Elle ne m'a pas attendue et demeure invisible. Je ferme les yeux et pense intensément à elle. Je l'imagine en face de moi, attentive et lui parle dans mon esprit : « Je t'en prie. Dis-moi où tu es. Je veux t'aider. Je t'apporte à manger. Il faut que tu reprennes des forces. Dis-moi ton nom ».

Je fais silence en moi et soudain un cri résonne dans ma tête. Puissant sonore et clair « Kiiirrrryyyaaaaa ! » C'est le cri d'un rapace « Mon nom est Kirya ! ». Ouvrant les yeux, je crie de toutes mes forces « kiiiirrryyyaaa ! » Et là, avec surprise, je vois la buse sortir en sautillant d'un taillis, s'arrêter et me regarder calmement. Je continue de m'adresser à elle en esprit : « Laisses-moi m'approcher. J'ai de la bonne viande pour toi. Il faut que tu manges. Ensuite, il faudra que tu te caches pour la nuit. Il y a du danger pour toi. » Le rapace, immobile, suit le moindre de mes gestes. J'ouvre le paquet contenant la viande et pose la moitié de son contenu sur des feuilles au sol. Je pousse mon offrande le plus près possible de l'oiseau qui recule juste un peu, les yeux fixés sur la viande. J'attends. L'oiseau aussi. Il ne touche pas à la nourriture et se contente de me regarder. Je comprends que l'animal ne mangera pas si je reste là. Mentalement, je lui dis « Je te laisse tranquille. Je reviendrai demain pour t'apporter encore à manger. « Une vague d'émotion me submerge. Des larmes inondent mon visage. Je ressens une immense onde d'amour pour cet animal. Il est beau, il est noble, il est sacré comme notre Mère Nature. Je dois tout tenter pour le sauver quoi qu'il m'en coute. Je voudrais envoyer cette vague d'amour vers l'oiseau blessé. « Kirya, je t'aime ! ». Tournant les talons à regret, je retourne chez moi. Ma nuit sera difficile. J'essaie d'entourer l'oiseau d'une onde de protection. J'écoute les bruits de la nuit, redoutant de percevoir le glapissement d'un renard ou le cri d'agonie de sa proie.

Le lendemain, je cours vers le pré avec le reste de la viande. A l'endroit où j'ai laissé mon offrande, il n'y a plus de viande Cela ne prouve pas que la buse a mangé. Beaucoup d'animaux fréquentent ces lieux. Je tente un appel « Kiiiirrryyya ! ». Un bruit dans les taillis et voilà ma buse qui se montre timidement. Je vois qu'elle ne peut que sautiller et que son aile pend toujours. Je pose la viande de la même manière que la veille. L'oiseau semble plus calme, moins apeuré. Toujours en esprit, je lui adresse des mots apaisants. Je lui explique que si son aile est cassée, notre ami qui soigne les animaux viendra la chercher pour la soigner. Elle tourne la tête comme si elle écoutait. Je reviendrais ainsi trois jours de suite et, à chaque fois, au cri de « Kirya ! » je verrai l'oiseau sortir de sa cachette pour se monter à moi. Le quatrième jour, à l'appel de son nom, je vois un rapace voler en rase motte et se poser non loin de moi. Je jubile « Kirya ! ton aile, elle n'est pas cassée ! » J'appelle le vétérinaire. Aussi heureux que moi, il pense que les corbeaux n'ont occasionné qu'un traumatisme. Je suis probablement intervenue à temps. Je suis tellement soulagée que je rie et pleure en même temps. Toujours en esprit, je dis à l'oiseau ma joie et mon désir de le voir prendre son envol. Mais la buse continue de me fixer, impénétrable.

Le lendemain matin, quelque chose me pousse à me tenir sur le pas de la porte principale de la maison. Elle donne sur le devant d'où l'on peut voir toute la partie de la propriété jouxtant le pré où à été blessée la buse. Le chemin serpente au loin, après les grilles de la maison et je distingue un mouvement. Un rapace remonte le chemin en volant à très basse altitude. Devant les grilles, il s'élève pour se poser au sommet du portail. Je n'en crois pas mes yeux : c'est Kirya ! L'animal s'envole de nouveau pour franchir les grilles et vient se poser sur la margelle du puits à seulement quelques mètres de moi. Il étend ses ailes et je constate qu'elles sont parfaitement alignées. Mon émotion est inimaginable. Je sais, je sens que le rapace est venu me montrer qu'il va mieux et me dire adieu. Il restera quelques instants, me regardant intensément. Puis, magnifique, il s'envolera sans un bruit.

Personne ne pourra aujourd'hui me convaincre qu'il n'y a pas eu une véritable communication entre nous. Cela restera un de mes plus beaux souvenirs.

L'appel au secours de voyou

Nous avions vu à la télévision qu'une association de protection pour des équidés maltraités lançait un appel pour trouver des hébergeurs. Il suffisait d'avoir du terrain et un abri, en plus d'un cœur d'artichaut, ce dernier point n'étant pas expressément précisé. La cruauté que certains humains manifestent envers les animaux m'a toujours semblée totalement insupportable. Mon mari partageant ce point de vue, notre maison avait des allures d'arche de Noé. Le plus étrange c'est que souvent les animaux blessés ou perdus venaient directement vers nous. C'est ainsi qu'en plus des 12 chiens, du chat, de la chèvre, des paons, nous avons accueillis deux chevaux promis à l'abattoir.

Il y avait beaucoup d'espace dans notre lieu de vie ainsi que des écuries. Par contre, nous ne connaissions absolument rien aux équidés. Lors du contact téléphonique avec l'association, j'avais évoqué cette incompétence et suggéré que l'on nous confie des poneys ou des ânes. La présidente m'assura qu'ils en tiendraient compte. Lorsque le van arriva avec le premier pensionnaire, l'arrière de l'énorme camion s'abattit pour libérer une furie noire de très gros gabarit. L'immense cheval roulait des yeux fous en se cabrant et hennissant. J'en eu le souffle coupé. La panique rendait mes jambes molles comme du chiffon. Mon mari me regarda d'un air catastrophé. L'homme qui conduisait le camion et tentait de mener le cheval dans le pré que nous avions aménagé se montrait brutal. Il le frappait avec l'extrémité de la longe et criait dessus, tout en nous disant :

-        N'hésitez pas à lui en coller une quand il fait l'idiot. Y'a que comme ça qu'on peut en venir à bout.

Voyou, c'est son nom, était un « selle français ». Il participait à des concours de sauts d'obstacles jusqu'au jour où il rata un mur de briques et se blessa gravement. Dans le centre hippique, les adhérents se cotisèrent pour que des soins lui soient prodigués et lui éviter la mort. Il demeura longtemps immobilisé dans son box, souvent seul avec peu de visites, mais bien sûr, il ne pourrait jamais plus concourir. Un adhérent compatissant contacta l'association, le centre équestre n'ayant pas l'intention de continuer d'abriter une bête inutile et Voyou débarqua chez nous. L'association nous avait donné son dossier en signalant qu'une des monitrices du centre avait l'habitude de passer sa mauvaise humeur sur ce cheval en le frappant à la tête avec une cravache. Il fallait donc éviter de lever une main, un bras, même de se gratter la tête en sa présence car, alors, il se cabrait et tentait de s'échapper en cassant tout ce qui pouvait être brisé autour de lui. Il nous fallut plusieurs jours et de nombreuses sueurs froides pour l'approcher. Nous lui parlions toujours très doucement sans gestes brusques. Petit à petit, il se calma, tout en ne nous quittant pas de l'œil. A sa première visite, le vétérinaire s'exclama. « Ah, je vous félicite, vous ne pouviez pas avoir de plus gros gabarit. C'est un géant ».

Non, effectivement, on ne pouvait pas avoir de plus gros gabarit, mais on pouvait avoir la paire.

Le camion revint de nouveau, un mois et demi plus tard, puisque nous nous étions engagés à accueillir deux chevaux afin que les animaux se tiennent compagnie.

Et voilà, que l'arrière de camion libère un deuxième titan, encore plus furieux que le premier. Il était magnifique ce pur-sang anglo-arabe. Son histoire valait celle de l'autre : cheval de course de vitesse acheté à prix d'or par un groupe à l'enseigne commerciale bien connue, il avait fait une chute lors d'une course et son jockey lui était passé par-dessus la tête. Pas de blessure pour le cheval, mais une peur telle que dès qu'on lui remettait une selle sur le dos, il se mettait à boiter. Rien ne put remédier à cela. Ni les soins vétérinaires, les ostéopathes de suisse, ni le séjour en thalasso équine. On finit par l'abandonner dans un pré sans rien à boire ou à manger. Un gentil couple qui passait chaque jour en voiture constata l'absence de soins et décida de lui fournir de la nourriture et de l'eau. Ces gens venaient chaque jour, surtout en hiver pour casser la glace de la bassine d'eau et ils se résolurent à signaler la maltraitance.

Son nom était Racine. Je n'ai jamais su si c'était en référence à l'auteur bien connu ou à une partie de plante. Il était plus futé, plus vif que Voyou et, assez rapidement, toutes les bêtises auxquelles Voyou n'avait pas pensé, Racine l'entrainait à les faire. Cela devint même leur sport favori. Voilà comment j'imaginais leurs échanges télépathiques :

« La porte de l'écurie, c'est amusant de l'exploser à coup de sabots arrière. L'électricité de l'écurie, oh ! il n'y a qu'a se cabrer vu la taille qu'on fait tous les deux. Dis, t'a vu comme les lampes éclatent ! Tiens la mangeoire en bois, si on essayait de la démonter à coup de dents. Ils en ont mis du temps pour poser cette clôture électrique. Tu veux qu'on essaye de foncer dessus ? Eh, on a même emmené les piquets avec, youppie ! »

Rien ne les faisait obéir. J'avais bien essayé d'entrer en contact par l'esprit avec eux, sans succès. Ils étaient trop nerveux et perturbés. Au bout de quelques temps, ils commencèrent à donner des signes de bonne volonté. Nous nous tenions à une certaine distance du pré et fermions les yeux en nous concentrant sur un message simple. Ils s'arrêtaient alors de mâchouiller pour nous observer avec des mouvements d'oreilles ressemblant à l'orientation d'une parabole C'était amusant. Il suffisait de se concentrer sur l'action envisagée : remonter du pré, rentrer au box, recevoir des soins, pour les voir arriver sagement et (enfin !) docilement. Lorsqu'on leur adressait de l'affection en se concentrant sur « Je t'aime, tu es si beau », ils venaient nous faire de gros baisers baveux et poser la tête sur notre épaule.

C'était gagné. La meilleure communication, c'est celle d'énergie à énergie. Il se créa ainsi entre nous, les deux humains et eux, les chevaux un code de communication silencieuse basé sur le respect et l'affection mutuelle. L'anecdote comique qui suit va illustrer ce fait. Nous devions suivre scrupuleusement les conseils de soins dont les chevaux avaient besoin. Un maréchal-ferrant devait s'occuper de leurs sabots non-ferrés. Il fut choisi au hasard de l'annuaire et la déception fut grande de constater que c'était un homme désagréable et brutal. Les deux chevaux avaient été attachés aux anneaux scellés dans le mur d'une grange et attendaient sagement (pour une fois) les soins. Lorsque l'homme s'approcha, sa voix et ses gestes brusques les inquiéta. Mon mari tenta de lui expliquer que ces animaux avaient été maltraités mais ce grossier personnage le remit vertement en place en disant « Ne vous en mêlez-pas. Laissez-moi faire à ma manière. Je connais mon métier ».

Racine refusait de se laisser prendre le sabot arrière et le maréchal-ferrant lui asséna une grosse claque sur le cou. Le cheval sursauta violemment couchant les oreilles en arrière et roulant des yeux effarés. Je vis Richard blêmir de colère. Racine tourna la tête vers lui d'un air suppliant et ils se regardèrent tous deux dans les yeux un bon moment. Mon mari fit un signe discret avec la tête et le cheval se retourna vers le maréchal-ferrant qui avait réussi à bloquer le sabot entre ses genoux, présentant ainsi son postérieur à l'animal. Racine retroussa délicatement ses lèvres, exhibant sa denture et saisi la ceinture du pantalon de l'homme qu'il souleva comme un pantin. Ce dernier gesticulant en hurlant et proférant des jurons essayait de se dégager sans succès. Le cheval était d'une force physique rare. Racine ne quittait pas mon mari des yeux et lorsque celui-ci murmura un discret « lâche-le maintenant ! » le cheval obtempéra et l'homme s'étala de tout son long, la face dans la boue. Nous étions pliés de rire et les chevaux partageaient manifestement notre bonne humeur. Le maréchal-ferrant remballa son barda en nous assurant qu'on ne le reverrait plus. J'avais surpris une nette connivence entre Richard et Racine. Mon mari me confirma sa certitude d'avoir communiqué avec le cheval.

Une nuit, je fus réveillée par un bruit de galop et des hennissements. D'habitude, ils ne faisaient pas tant de tapage. Richard étant absent, je n'avais pas envie de m'aventurer seule avec une lampe torche par une nuit sans lune. Je me rassurais en pensant qu'un animal venant de la forêt bordant la propriété avait dû pénétrer dans leur pré et qu'ils le chassaient car ils aimaient « virer » de façon sportive tout intrus.

Le lendemain matin, j'avais oublié, mais j'entendis à l'intérieur de ma tête : « Maman, maman, j'ai mal !».

Je sortis rapidement et vis Voyou près de la barrière électrique. Il encensait, faisant des mouvements de balancier avec sa tête en soulevant mécaniquement un sabot avant pour gratter le sol. De loin, je ne voyais rien mais son attitude était étrange et j'entendais plus fort encore « Maman, maman aide-moi !». Racine restait invisible. Je courus vers le cheval et posant la main sur son encolure je vis qu'il avait une blessure entre les yeux comme si on lui avait porté un coup. Je fus interrompue par Racine qui remontait comme une trombe du bout du pré en contrebas roulant des yeux furieux, couchant les oreilles et hennissant. En me reconnaissant, il se calma et donna un coup de nez affectueux sur l'arrière-train de son copain. Le vétérinaire, appelé en urgence, constata l'enfoncement en disant « Quelqu'un a frappé votre cheval, cela ressemble aux engins dont se servent les types dans les abattoirs » Quelque chose à du l'arrêter car je pense qu'il n'y a qu'un seul coup ».

Le maire du village fut prévenu et nous informa que récemment des animaux avaient été abattus et dépecés de nuit, probablement pour alimenter un trafic de viande.

Au bout de notre chemin, il y avait une maison où vivait un drôle d'homme. Il était à moitié fou, très violent et maltraitait de manière ignoble les animaux qu'il élevait, des moutons et des bœufs. Sa femme, sous des dehors plus aimables, ne valait pas mieux que lui. Les voisins s'en plaignaient en nous disant qu'ils avaient tenté des démarches auprès de la gendarmerie et de la SPA, sans résultats. Le maire nous apprit qu'auparavant, cet homme travaillait aux abattoirs. Nous ne l'aurions pas soupçonné gratuitement si, le lendemain de l'agression de Voyou, alors qu'il emmenait son troupeau de moutons le long du canal, en leur hurlant dessus et leur jetant des pierres, comme à son habitude, Racine se déchaina. L'homme et ses moutons longeaient le pré, clôturé à cet endroit par un épais grillage. Le cheval poussa un hennissement, se lança au galop vers l'homme et ses bêtes. Arrivé devant la clôture, Racine se cabra en frappant le grillage avec ses sabots avant. Sans dire un mot, l'individu s'empressa de s'éloigner. Racine revint vers Voyou pour lui mordiller gentiment l'encolure d'un air de dire : Tu vois, je ne le laisserais pas te faire de mal ».

Nous avons eu confiance dans l'attitude du pur-sang. Je pense que c'est lui qui a chassé l'agresseur de Voyou. Depuis ce temps, l'individu ne pouvait plus passer devant la propriété sans déchainer la colère de Racine. Il y eu même un jour ou l'entendant crier sur ses bêtes et alors que mon mari marchait dans sa direction après avoir ramené le cheval à son box, Racine défonça la porte de l'écurie et galopa jusqu'à la grille que Richard était en train de refermer pour éviter que les pauvres moutons, toujours affolés, ne s'engouffrent chez nous (c'était déjà arrivé). Là, le cheval dépassa le portail et se mit debout sur ses antérieurs en faisant mine de frapper l'homme avec ses sabots avant. Le rattrapant par sa longe qui pendait, Richard l'arrêta de justesse.

Il semble que Mère Nature résolut de venger ses enfants.

C'est un autre animal qui se chargea de punir cet homme pour sa cruauté. Un an plus tard, ce bourreau d'animaux fût embroché par un des bœufs qu'il élevait. Sa femme donna l'alerte, mais rien ne put être tenté Une des cornes avait pénétré profondément dans la poitrine, défonçant la cage thoracique, puis l'animal, pourtant réputé très doux, le piétina. Il fut retrouvé sans vie au milieu du troupeau redevenu paisible.

L'adieu de Roméo.

Un couple de paons bleu et vert animait notre lieu de vie. C'était de puissants « lééoonn, llééoonn ! Résonnant jusqu'à la forêt. Le male nous enchantait en faisant la roue comme un joyau vivant. J'avais ramené un couple car l'éleveur disait que ces oiseaux n'aiment pas la solitude. Après quelques temps d'adaptation en volière, ils évoluaient librement. Nous n'avions pas voulu leur rogner les ailes pour qu'ils puissent s'envoler en cas d'attaque d'un prédateur. La femelle tomba malade. Amenée dans un grand carton chez le vétérinaire en centre-ville, elle se laissa gentiment manipuler. Une infection grave fut diagnostiquée. Le vétérinaire proposa une intervention. Le mâle, seul le temps de l'intervention, tournait en rond dans la volière en poussant des cris plaintifs. Lorsque je lui ramenais sa Juliette (eh, oui Roméo et Juliette !) il donna des signes si évidents de joie, allant même jusqu'à escalader mon dos et me passer sur la tête, que nous en étions émus. Ainsi Roméo et Juliette, inséparables coulaient des jours heureux. Jusqu'à ce que des chasseurs passent en bordure de la maison. Avaient-ils trop bu pour confondre l'éclatant plumage de Roméo avec celui d'un faisan ? Toujours est-il que le coup de fusil résonna presque en même temps que l'horrible cri de la femelle ne laissant aucun doute sur la nature du drame qui venait de se jouer. J'avais sauté par la fenêtre du salon (au rez-de-chaussée, je vous rassure) pour courir plus vite vers les chasseurs et Juliette s'empressait vers moi. Elle stoppa à ma hauteur et je reçus mentalement l'image de Roméo, foudroyé à bout portant, tombant d'une branche. Le conflit avec les chasseurs locaux s'aggravait. Mais on ne pouvait pas laisser Juliette ainsi. Elle errait comme une âme en peine en émettant de lamentables petits gloussements. Je ramenais donc un jeune male que Juliette accepta difficilement. Le temps passant, elle s'habitua à lui, sembla se consoler et nous montra fièrement, un beau matin, 4 gros œufs qui la remplissaient de fierté au point qu'elle donnait l'impression d'avoir doublé de volume. Quatre charmants petits paons déambulèrent bientôt derrière leur mère qui montait une garde féroce au point, qu'elle ne laissait plus approcher ses copains les chiens.

Une fête médiévale était organisée dans notre ferme d'origine templière. Une semaine de musique, danses, chants, fracas d'épées qui s'entrechoquent lors des combats courtois et public très nombreux, excédèrent la mère paonne qui résolut d'éloigner ses petits de ce qu'elle considérait comme des dangers. Elle les emmena hors des clôtures de la propriété

Une mauvaise rencontre, les renards abondaient dans la forêt alentour, se produisit surement car on ne les revit jamais. La fête terminée, nous avons parcouru inlassablement les alentours des jours durant. Nos cris de Juliette ! Juliette ! s'accompagnaient du clairon de Roméo. Il se perchait sur une branche haute et lançait des appels dans toutes les directions. Il scrutait les alentours, tel une vigie, du matin jusqu'au soir et refusa de s'alimenter longtemps. Mais un nouveau souci monopolisait notre attention. Mon mari venait de déclarer une très grave maladie. Les médecins lui donnaient encore environ 5 à 6 mois à vivre. Je savais intuitivement qu'il aurait peut-être une chance de guérir s'il opérait un changement complet de vie. Il se souciait de mon devenir dans cette propriété trop grande qui réclamait beaucoup d'entretien. Je savais, je sentais qu'il fallait la mettre en vente rapidement, qu'elle trouverait acquéreur sans peine. Ce n'était pas l'avis de notre entourage mais c'est ce qui arriva. Quinze jours après avoir informé un agent immobilier de notre décision, l'acheteur se présenta et se décida de suite. Le déménagement fût une épreuve. Je l'assumai en grande partie seule. Mon mari ne pouvait plus quitter son lit. De chers amis sont venus m'aider à vider un grand grenier bourré à craquer et à porter des cartons. Sans eux, je ne crois pas que je serai arrivée au bout de cette galère.

Nous avions retrouvé une maison plus petite en ville. J'expliquai aux six chiens qui nous restaient qu'ils ne pourraient plus courir dans les trois hectares de terrain, mais qu'ils allaient se retrouver dans une toute petite cour. C'était ça ou l'abandon auquel il m'était impossible de me résoudre. Par chance, les chevaux avaient été placés ensemble. Par contre, pour le paon, on ne pouvait pas l'emmener. Voyant mon angoisse, le nouveau propriétaire me proposa de le garder. Quel soulagement !

Il avait aussi gentiment proposé de stocker dans une grange tout ce que je n'avais pas encore pu transporter. Je n'avais pas de délai pour débarrasser cette grange. Heureusement, car les soins à prodiguer à Richard étaient ma priorité. Je faisais donc des va-et-vient irrégulièrement et lorsque ma voiture remontait le chemin vers la maison, le paon, reconnaissant le bruit du moteur, arrivait comme un fou pour me faire fête. Il improvisait une sorte de danse indienne, tournant en cercle autour de moi en s'inclinant et se relevant. C'était touchant et comique et tout le monde riait de bon cœur. Un matin, une vision brutale, arriva à mon esprit. Je voyais le paon et j'entendis « Au revoir ! Je suis venu te dire au revoir ! »

En larmes, j'étais persuadée que notre paon était mort. Il était très jeune et se portait de nouveau bien au moment de notre départ. Trois jours après, j'arrivais à la ferme. Luc, le nouveau propriétaire, vint au-devant de moi, le visage fermé, en annonçant :

-       J'ai une mauvaise nouvelle.

-       Tu vas me dire que Roméo est mort ?

-       Comment le sais-tu ?

Je lui racontais ma vision. Il était stupéfait et me raconta que Roméo était, ce matin-là, tranquillement sur son perchoir favori et que, soudain, il était tombé comme foudroyé, mort.

Mais l'affection qui nous liait avait assez de valeur pour cet animal, que l'éleveur nous avait défini comme « beau, mais stupide », pour qu'une de ses dernières pensées soit ce touchant adieu reçu à l'instant précis de sa mort.

Un homme et son chien.

L'anecdote qui suit illustre la communication avec les disparus.

A cette époque, j'animais un cours d'astrologie et l'une des participantes venait de perdre son mari de manière brutale. Cet homme grand, fort et jamais malade, eut un malaise dans la rue. Cela lui semblait peut important car, très actif professionnellement, il se surmenait. Il mit cette faiblesse sur le compte d'une fatigue passagère. Toutefois, cet état d'épuisement persistant, un médecin fut consulté. Les résultats des examens furent sans appel : leucémie foudroyante. Le mari de Jeanne sombra rapidement dans le coma. Six semaines s'étaient écoulées entre le malaise dans la rue et le décès. Mon élève se retrouva dans une situation matérielle catastrophique. Dans ce couple, très uni, c'était lui qui gérait tout le domaine financier. Son cabinet d'assurances était prospère. Le couple disposait de revenus confortables. Mais, Jeanne mon élève, ne se préoccupait pas de finances. C'était une épouse gâtée et insouciante. Les comptes bancaires étaient bloqués jusqu'à la résolution de la succession et Jeanne ne savait pas où se trouvaient les placements ou la clé d'un coffre à la banque. N'ayant plus d'argent liquide, catastrophée, elle me téléphone alors en me suppliant d'essayer de communiquer avec son mari. J'accepte tout en la prévenant qu'un résultat ne peut être garanti.

Je n'avais jamais vu son mari. Elle me confia sa photo. Je lui demandais de penser à lui avec toute l'affection possible. De mon côté je formulais une prière silencieuse pour que mon amie reçoive l'aide et le secours susceptibles de l'aider dans sa situation. Il nous fallait élever nos vibrations jusqu'à un plan plus subtil, spirituel. Des images commencèrent à se former dans mon esprit. Je voyais un bureau avec des portes-fenêtres à petits carreaux. Des bibliothèques couvraient les murs.

- Tu es en train de me décrire le bureau de mon mari dans notre maison de campagne, dit Jeanne.

Soudain, une image incongrue se forma : un bonnet à poils de soldat de l'époque Napoléonienne ! J'hésitais à confier à Jeanne ce détail irrationnel. L'image persistait et je finis par le lui dire.

- Mon mari collectionnait des éléments de costumes datant du 1er Empire ! s'exclama-t-elle.

Cela m'encouragea à poursuivre. M'apparut, ensuite, un bureau en bois avec, à gauche, des tiroirs verticaux. Le deuxième tiroir s'ouvrit suffisamment pour que je distingue au-dessous un cahier d'écolier fixé par deux morceaux de sparadraps. Jeanne en ignorait complètement l'existence.

Elle se leva en me disant :

-	Il me faut une heure en voiture pour aller à la maison de campagne. De là-bas, je te téléphonerai pour te dire ce qu'il en est.

Elle ramassait sac et manteau, lorsqu'une nouvelle vision s'imposa : Son mari me souriait en me montrant de son index un chien qu'il tenait dans ses bras. C'était un gros épagneul breton au regard très doux et qui remuait la queue.

-	Attends, Jeanne ! Ton mari me montre avec insistance un chien qu'il a dans ses bras. C'est un épagneul breton.

A ces mots, Jeanne lâcha ses affaires en se rasseyant. Des larmes inondaient son visage.

-	Mon Dieu, c'est extraordinaire ! C'était sa chienne qu'il adorait. Elle est morte quelques mois avant mon mari. Il en avait eu une grande peine et me demandait souvent : « Tu crois que je vais la retrouver ? ».

Je remerciais l'invisible pour ce magnifique message. D'autant plus qu'une heure après, Jeanne me téléphonait pour m'annoncer, très émue, que sous le deuxième tiroir du bureau, il y avait bien, fixé par des sparadraps, un cahier contenant tous les renseignements sur les placements financiers du couple.

Le serment

L'amie qui me téléphone m'assure qu'elle ne se permettrait pas de solliciter ma faculté de médium si le cas à me soumettre n'était pas très important. Sans m'en dévoiler le motif, elle appelle pour un proche ami qui se trouve en proie à un grand dilemme. Nous habitions en province et ce monsieur que nous ne connaissions pas, la capitale. Mon mari propose que la consultation se fasse autour d'un diner à la maison. C'est ainsi plus convivial, moins formel. Selon mon habitude, je préviens nos deux visiteurs que je ne peux en aucun cas garantir un résultat. L'invisible n'obéit pas à la commande. Il suit ses propres règles.

Le repas se déroule dans la cordialité, mais je ne sentais rien. Une fois achevé, c'est autour d'un feu de cheminée que les quatre convives s'installent pour déguster thé et café. Autour d'une petite table ronde, le visiteur me fait face. Tout en bavardant, je commençais à percevoir une brume qui se densifiait sur son côté droit. Une silhouette, transparente, se formait, juste assez visible pour que je distingue un homme d'une quarantaine, d'années, portant lunettes et cheveux coupés en brosse. Il était vêtu d'une blouse blanche. J'en fis la description et mon vis-à-vis m'informa :

-        C'est mon frère !

Je vis alors une usine, un laboratoire, des ballons, des éprouvettes.

-        Votre frère était chimiste ?

-        Oui, dans une grande entreprise.

La scène change. Voici une route sur laquelle une voiture dérape pour faire des tonneaux.

-        Il est mort dans un accident de voiture.

-        C'est exact !

Alors, à la gauche de notre visiteur, une deuxième silhouette brumeuse se densifie. Cette fois, il s'agit d'une femme dans la même tranche d'âge. Elle est brune avec les cheveux mi-longs. Elle me dit être morte d'un cancer deux ans après son mari et me demande de répéter cette phrase :

-        Dites-lui qu'on le libère de son serment. Que notre fils choisisse sa voie.

J'explique alors :

-	Vous êtes venu me voir parce que votre frère et votre belle-sœur sont morts en laissant un orphelin, leur fils et vous avez fait le serment à votre belle-sœur juste avant qu'elle ne meure, que leur fils suivrait des études pour devenir avocat. C'était le plus cher désir de ses parents. A présents, ils sont conscients que ce n'est pas la voie que votre neveu souhaite suivre. Ils vous libèrent donc de votre serment.

A ces mots, notre visiteur stupéfait, serre les accoudoirs de son fauteuil à s'en blanchir les articulations

Il est à moitié relevé et balbutie :

-	C'est stupéfiant mais j'ai besoin d'une confirmation supplémentaire. Donnez-moi le prénom de mon neveu.

Ben voyons ! Je fulmine dans mon for intérieur. Mais il semble que l'invisible soit décidé à convaincre l'incrédule et j'entends un prénom que je répète aussitôt.

-	Olivier !

L'homme en face de moi à la réaction habituelle, il laisse couler des larmes d'intense soulagement. Il ne regrettera pas son diner à la campagne !

Chapitre 8

Lieux hantés, fantômes et projections

L'imagerie populaire représente souvent les sorcières chevauchant des balais. On pensait que cet instrument servait de véhicule pour que nos ensorceleuses, bonnes ou méchantes, se rendent au sabbat.

La voie chamanique fournit une autre explication à l'usage de cet objet. Le balai sert, symboliquement à chasser les ondes négatives lorsque l'on désire nettoyer un lieu. De la même manière que la ménagère chasse les poussières indésirables. Il est recommandé, dans ce rituel particulier, de « balayer » consciencieusement le seuil des pièces à protéger ou l'entour d'une maison. Partout où il faudra « barrer » le chemin que pourraient emprunter souhaits malveillants ou ondes nocives, ou même vivants animés de mauvaises intentions.

L'acte est symbolique mais le geste symbolique est le véhicule du pouvoir. Il favorise la visualisation de l'effet souhaité et il est le canal des énergies. Tout rituel est vecteur d'énergie d'autant plus puissante que le cadre dans lequel il se déroule, les structures qui l'expriment sont reliées à une tradition authentique.

Les lieux ont une mémoire. Lorsque cette mémoire a enregistré des évènements heureux, des émotions positives, l'expression de la foi, des rituels sacrés, une volonté constante de reliance à ce qu'il y a de meilleur ou de plus élevé, ces lieux sont bénéfiques. Ils pourront favoriser des guérisons, le retour au calme et à l'harmonie, certains seront même considérés comme des hauts-lieux. Mais si des drames se sont déroulés, des morts violentes, des agressions, des accidents, des disputes, la haine ou la folie laissent leur empreinte et ces lieux sont mauvais, malsains, maudits. Ils ont besoin d'être nettoyé. D'où l'usage du balai des sorcières.

Ce n'est qu'une question d'imprégnation. Beaucoup de lieux souffrent d'erreurs dans l'implantation ou la construction et provoquent ainsi des nuisances. La plupart du temps, un bon géobiologue pourra y remédier. D'autres souffrent d'une mauvaise mémoire. C'est le cas de la plupart des lieux dits hantés.

D'autres causes de soi-disant hantises est la présence d'une personne hyper sensible. Dans beaucoup de cas étudiés, il a pu être noté la relation entre des phénomènes paranormaux et la présence d'un ou d'une adolescente à l'âge de la puberté. Si l'on combine sujet hyper sensible et mauvaise mémoire d'un lieu, le résultat peut être impressionnant.

Les maisons hantées, j'y ai vécu toute mon enfance. Je sais maintenant que j'étais à l'origine des manifestations en projetant mon énergie sans contrôle. Ce n'est que lorsque j'ai appris à la canaliser que ce type de phénomènes a cessé. La seule manifestation inexplicable étant la présence de l'entité venue enseigner. La plupart des cas où l'on a sollicité mon intervention étaient dans ce modèle. La peur amplifie et déforme les perceptions. Si on la laisse dominer l'esprit, les manifestations augmenteront et donc la peur avec. C'est un cercle infernal dont il devient de plus en plus difficile de s'extraire.

Voici une expérience assez intéressante puisqu'elle fut relatée dans un livre et dans une émission de télévision.

Un ami sophrologue bien connu, André Daprey, m'avait demandé de faire partie d'une équipe de médiums pour une « mission » dans les Ardennes belges. J'avais déjà participé à quelques séances avec lui et je l'appréciai beaucoup ainsi que son épouse Denise, remarquable astrologue.

Par téléphone il expliqua qu'un groupe d'investisseurs du Moyen-Orient, ayant acheté un château, souhaitait le faire « tester » avant d'y implanter une activité. La démarche était originale. Ce groupe ayant engagée une directrice de projet très scientifique pour nous « encadrer ». La procédure proposée était la suivante : nous allions recevoir une enveloppe contenant des instructions très précises que nous nous engagions à respecter. Nous serions accueillis au château durant trois jours avec interdiction de sortir ou de communiquer avec les gens du coin. Le courrier arriva avec un plan de route détaillé afin que nous ne soyons pas tentés de demander notre chemin à quelqu'un. Nous devions arriver directement sans passer par la case « village ». Il fallait donc prévoir dès le départ tout ce dont nous pourrions avoir besoin. Ainsi fut fait.

Mon mari ayant accepté de participer à l'équipe grâce à ses capacités extra-sensorielles (qui se ressemble s'assemble dit l'adage !), nous arrivons à la tombée du jour. André, Denise, Monique la directrice, ainsi que Didier, médium, sont déjà là. Le château est vide de meubles, seules des tables et lits de camping assurent le minimum dans les chambres et la cuisine. Nous nous attablons autour d'un thé en attendant les autres et commençons à bavarder. Assise en face de Didier, nous commentons l'aventure qui nous attend lorsque l'atmosphère se refroidit brusquement. Je le sens bien et m'interroge intérieurement. Didier s'arrête de parler pour me demander :

-        Tu ne sens rien ? L'atmosphère vient de changer. Il se passe quelque chose !

Je n'ai pas le temps de lui répondre. Dans le dos de nos amis, il y a une porte ouverte donnant sur un couloir et, dans l'encadrement de cette porte, une femme nous invective :

- Quittez ce château ! Vous n'avez pas le droit d'y être. C'est chez moi !

Son aspect nous a coupé le souffle. Entre deux âges, ni belle, ni laide, ce qui frappe, c'est le teint livide, les yeux cernés de mauve. On la dirait vidée de son sang, elle est effrayante.

André et Denise se retournent surpris, pendant que Monique s'adresse à l'apparition en lui disant :

- Ah ! vous n'avez pas l'air bien, madame, voulez-vous un verre d'eau ?

La femme sursaute comme si on l'avait brûlé en levant ses deux mains devant elle, fait demi-tour et s'enfuit dans le couloir.

Monique nous regarde stupéfaite :

- Mais d'où sort-elle ? Le château est fermé et totalement vide.

Et sur ces mots, elle s'engouffre à son tour dans le couloir. La femme s'est volatilisée.

A son retour dans la cuisine, nous exclamerons nous ensemble : ça commence bien !

Nous constatons toutefois que ceux qui faisaient face à la porte avaient perçu avec quelques différences l'intervention de la femme. Cela se constate à la lecture du livre dans lequel André à relaté l'expérience.

Le reste de l'aventure fera l'objet d'enregistrements complets sur bandes magnétiques qui seront comparés avec les informations détenues, sous enveloppe scellée, par le bourgmestre de la commune, le dernier jour, toutes les informations reçues par l'équipe s'avèrent exactes : dates des évènements, prénoms des enfants d'un propriétaire passé, profondeur des sources d'eau détectées, composition de l'eau, etc.

L'histoire est si extraordinaire qu'elle figure dans un livre d'André (André DAPREY « L'éveil de l'homme lumière » Guy Trédaniel éditeur – 1994) et que la Télévision sollicite notre sophrologue pour tourner cet épisode (pour visualiser la vidéo :

http://www.dailymotion.com/video/x2pjrn_69-mysteres-les-souvenirs-du-chatea_tech#.UPwrKme56M8

ou

http://www.youtube.com/watch?v=NzCwFQ82aAM)

L'émission « Mystères » est très suivie. Lorsque qu'André nous recontactera pour nous demander si nous acceptons de participer au tournage, la plupart des médiums refusent. Nous avons des craintes quant à l'interprétation qui sera faite de ces évènements.

Effectivement, la réalisation du sujet nous décevra un peu, mais nous serons toutefois heureux que les informations reçues par le groupe soient vérifiées et validées par la suite.

Nous en avons retiré la confirmation que l'esprit humain détient des capacités insoupçonnées. Ce n'est pas une histoire de maison hantée. C'est une lecture de l'énergie d'un lieu et l'expérience des possibilités d'un groupe bien entrainé.

Comme évoqué précédemment, les lieux dit hantés sont souvent le résultat de la rencontre entre des paramètres géo biologiques, des personnes hyper-sensibles, des anomalies architecturales provoquant des ondes de forme.

Il existe toutefois un sujet qui doit être abordé : celui des plans parallèles. Lorsqu'il y a interaction entre ce plan et un autre, il peut y avoir projection de notre conscience dans un environnement totalement différent du nôtre ou projection d'une conscience provenant d'un autre plan dans le nôtre.

L'aventure, devenue célèbre de deux anglaises au château de Versailles en est l'illustration.

Eleanor Frances Jourdain (1863-1924), à l'époque des faits (1901), louait un appartement à Paris dans le but d'accueillir des élèves. Elle reçoit la visite de Annie Moberly, directrice de St. Hugh's Hall, troisième collège féminin de l'Université d'Oxford. Cette dernière est venue lui proposer de devenir sa collaboratrice. Les deux femmes vont profiter de leur séjour en France pour visiter le château de Versailles. En cherchant le petit Trianon, elles s'égarent et vont connaître une bien surprenante aventure.

Elles rencontrent d'abord deux hommes qu'elles prennent pour des jardiniers. Leurs vêtements sont curieux : longs manteaux et tricorne. Mais, aimablement, ils leur indiquent la route. Voici la suite du récit tel que l'on peut le découvrir sur wikipédia :

« Arrivées près d'un cottage, Eleanor Jourdain remarque à l'intérieur une petite fille d'environ 12 à 13 ans et une femme ; toutes deux portent un costume suranné. Enfin, elles arrivent à un pavillon chinois qu'elles prennent pour le Temple de l'Amour. L'atmosphère devient de plus en plus pénible. Annie, en particulier, se sent prise d'angoisse lorsqu'un homme assis au pied du pavillon tourne vers elle un visage menaçant et vérolé. C'est alors qu'un autre homme, grand et beau, cheveux bouclés sous un chapeau à larges bords, passe en coup de vent enveloppé dans une cape noire ; il s'arrête et leur sert un laïus dont elles ne comprennent qu'une chose : il faut tourner à droite. Les visiteuses arrivent près d'une petite maison aux volets clos. Sur la pelouse, Annie voit une femme en train de dessiner portant une robe de style particulier, un fichu vert et un chapeau blanc ; la femme lève la tête et de nouveau Annie ressent une impression désagréable. Les deux femmes arrivent à la hauteur de la maison suivante. Une porte s'ouvre, en sort un jeune homme qui leur donne l'impression d'être un serviteur. Elles veulent s'excuser, pensant être sur une propriété privée, mais l'homme les mène jusqu'au Trianon proche où elles sont brusquement environnées par une noce. »

Nos deux amies vont retrouver le chemin du retour mais resterons très ébranlées par cette expérience. Mais, voici la suite :

« Mlle Jourdain retourne seule à Versailles en 1902. Les lieux lui semblent différents ; elle apprend que Marie-Antoinette se trouvait au Petit Trianon le 5 octobre 1789 lorsqu'on lui annonça la marche du peuple vers Versailles. Le 2 janvier, elle a encore des perceptions étranges, dont celle d'une musique qu'elle essaie de se remémorer pour la faire identifier. On lui assure qu'il s'agit d'un style des années 1780. Elles visitent encore une fois la zone du Petit Trianon en 1904. Au cours de leurs recherches, elles pensent se rappeler la présence d'une charrue qui n'existait pas en 1901, de même qu'un pont qu'elles avaient franchi et qui a disparu ; elles découvrent que les « jardiniers » portaient un costume similaire à celui des gardes suisses de la reine et que la porte d'où est sorti le serviteur est condamnée depuis longtemps ; elles identifient l'homme au visage vérolé comme étant le comte de Vaudreuil3. »

« Source : wikipedia.org/wiki/Fantômes_du_Trianon »

De nombreuses théories et tentatives d'explications seront avancées au sujet de l'aventure de miss Moberly et miss Jourdain. Il semble probable qu'elles aient fait l'expérience d'un déphasage temporel. Si l'aventure des deux anglaises est l'une des plus connues, elle n'est pas unique et l'on trouve d'autres récits semblables comme dans l'ouvrage de Raymond Bernard citant l'expérience du Bossu d'Amsterdam (Editions Rosicruciennes – 1989) et qui nous dit : « Nous vivons "au milieu" de plans multiples aussi réels que le nôtre et ces plans ne peuvent être perçus par l'homme, sauf dans certaines conditions connues de rares initiés ou bien "par hasard", si l'on veut, par cette expression, impliquer que les conditions nécessaires sont remplies à l'insu de la conscience objective par celui qui soudain fait l'expérience d'un "autre monde" ».

Le moment est venu d'aborder la notion d'espace-temps. Nous concevons le temps comme une réalité, un déroulement chronologique, séquentiel, séparé. Imaginons que le temps ait plutôt la forme d'un anneau. Imaginons-le comme une gigantesque station spatiale en forme de roue. L'anneau circulaire de la roue ressemblerait à un couloir tournant autour d'une pièce centrale. Ce couloir renferme d'innombrables chambres correspondantes chacune à une époque. Nous pourrions concevoir l'incarnation comme la venue d'une âme-personnalité dans l'une des chambres afin d'y rencontrer l'expérience nécessaire à son évolution. Une fois, l'expérience achevée, l'âme personnalité retourne dans l'unité centrale, le lieu du milieu où temps et espace n'existent plus. Les incarnations se feraient selon les besoins de l'évolution de chacun. Le choix du décor général de l'expérience : l'époque n'obéissant plus à la chronologie. On pourrait ainsi passer de notre époque au XVIIème siècle, ou dans l'Egypte pharaonique. Mieux encore, toutes ces chambres, ces « époques » sont concomitantes. Elles existent toutes en « même temps ». On peut imaginer qu'il arrive qu'une « porte » s'ouvre entre deux chambres, deux « temps », qu'il puisse y avoir projection d'une conscience d'une chambre à l'autre. Ainsi, celui ou celle qui projette son esprit serait perçu comme « apparition » ou fantôme dans l'espace qui n'est pas habituellement le sien.

Etrange conception, me direz-vous ? C'est cependant une certitude pour moi. Le temps, tel que nous le concevons, n'existe pas. Il fait partie des « verrouillages » imposée à notre conscience pour assimiler une expérience d'incarnation sans se perturber. La tradition chamanique nous dit que les chamanes peuvent voyager d'un espace à l'autre. Ils peuvent projeter leur esprit dans d'autres univers pour aller chercher des réponses aux interrogations, des causes aux maladies, des recettes. Nous constatons que le monde moderne s'attache de plus en plus à la notion de mondes virtuels. La technologie invente des jeux pour lesquels le port d'un casque projette littéralement le joueur dans un univers imaginaire. Je sais qu'un jour la science rejoindra la vérité et rendra accessible à chacun ces notions abstraites … à moins que notre soif de pouvoir ne la détourne de ce noble but en provoquant une catastrophe finale.

Une autre hypothèse doit être évoquée au sujet des hantises ou apparitions. C'est celle de la projection de notre part d'ombre. Notre être intérieur recèle des forces insoupçonnées qui peuvent être libérées dans certaines circonstances. Elles s'expriment souvent en réponse à un mal être intérieur, dans des cas de stress, de pressions psychologiques. Les sujets susceptibles de « projeter » ce type d'énergie sont les hyper-sensibles, émotifs. Beaucoup sont catalogués comme « sujets-psy ». Les médiums, voyant, guérisseurs, etc., relèvent bien sûr de ces catégories.

Si les circonstances permettent la rencontre de ce type de personnes avec un lieu « chargé », il y aura le plus souvent des manifestations classées comme paranormales.

Dans les différents cas que j'ai rencontrés, soit personnellement, soit à la demande de personnes qui vivaient ce type de « nuisances », j'ai pu cataloguer ces types de phénomènes comme :

- Mémoire d'un lieu. Des évènements forts se sont déroulés et vont imprégner l'ambiance vibratoire du lieu. Un peu de la même manière que la gravure d'une onde sonore sur un ancien microsillon. Dans certaines circonstances, la « mémoire des murs » va libérer l'information de manière sonore ou par images. On peut alors assister à une scène, voir des personnages traverser une pièce, un couloir. Dans ce type de manifestation, il n'y a aucune interaction entre les témoins du phénomène et le phénomène lui-même qui se produit selon un schéma invariable. Voici un exemple dont j'ai été témoin. Dans une très vieille demeure du sud de la France, réputée pour ses « hantises », j'ai pu voir une personne être traversée par le fantôme d'un moine qui a ensuite disparu en rentrant dans un mur. Le propriétaire des lieux nous a expliqué que, jadis, à cet endroit du mur se trouvait une porte donnant accès aux cellules des moines. L'on voyait régulièrement cette scène sans qu'il n'y ait jamais eu de réponse ou de réactions de la part de l'apparition aux sollicitations des témoins. Il est logique d'imaginer que la mémoire des murs restituait simplement un acté répété des centaines de fois par le passé.

- Emission d'énergie d'un sujet psy : Les sujets émotifs dotés d'une grande sensibilité ont la possibilité de libérer une puissante charge d'énergie lorsqu'ils sont perturbés. Dans de nombreux cas de « hantises » l'on peut noter la présence d'un enfant ou d'un adolescent proche de la puberté. Les manifestations sont très variées, de type poltergeists : coups dans les murs, chutes ou déplacements d'objets, émission de formes lumineuses, apparitions. J'ai rencontré cela de nombreuses fois, étant moi-même à l'origine de ce type de phénomène durant mon enfance.

- Perception de vibrations provenant d'un autre plan. Ce cas est différent. Le sujet, qui est un médium, sert d'intermédiaire entre ce plan et un autre de nature beaucoup plus subtile. En fait c'est le médium qui se décale légèrement et perçoit alors des informations et non la manifestation qui émerge dans notre monde. Imaginons que nous fonctionnons comme un poste de radio. L'humain ordinaire perçoit une certaine gamme d'ondes limitée. Le médium, lui, à la possibilité de déplacer le curseur ou bouton du poste de radio un peu plus loin. Il « capte » alors une émission plus lointaine. Si ce médium n'est pas habitué, il interprétera cela comme une apparition ou la présence d'un fantôme sans se douter qu'en réalité c'est lui qui a déplacé une partie de son être vers un autre plan.

- Projection de notre « part d'ombre ». Il s'agit là d'un phénomène plus inquiétant et cependant réel et qui pourrait aider à comprendre les cas où se produisent un contact réel avec les entités. Nous rencontrons là une catégorie de hantises sévères et souvent spectaculaires. J'ai indiqué précédemment que les personnes sensibles avaient la possibilité de projeter de puissantes énergies. Parmi ces énergies, il y a celles que l'on pourrait qualifier d'électromagnétiques et provoquent des phénomènes de coups ou déplacement d'objets. La seconde catégorie est d'origine psychique et étroitement liée à ce que l'on nomme notre « part d'ombre ». Il y a, en chaque être, une part animale et une part spirituelle.

Il semblerait qu'un des grands enjeux de notre chemin d'évolution soit de discipliner, d'apprivoiser cette part animale afin qu'elle agisse totalement sous le contrôle de la partie spirituelle. Cette partie de nous est très puissante. Capable de se projeter hors de nous et d'agir avec un semblant de conscience individuelle. Elle exprime nos peurs, nos angoisses, voire notre violence. Il nous est difficile de nous reconnaitre en elle, donc de l'identifier. Dans ce cas, la hantise devient très impressionnante. Notre fantôme semble non seulement conscient de notre présence mais de surcroit déterminé à nous poursuivre par des actes malveillants. C'est l'histoire du Dr Jekyll et de Mr Hyde.

L'aventure que je vais relater, j'ai mis longtemps à la comprendre. Elle figure parmi les plus surprenantes et effrayantes que j'ai vécues. Mon mari a partagé cela avec moi et je lui donnerai pour titre :

Rencontre avec Madame et Monsieur Hyde

A cette époque, Je pratique depuis de nombreuses années la numérologie et travaille avec un joaillier à la réalisation de bijoux personnalisés. Le joaillier me confie les coordonnées de la personne et j'interprète sa personnalité par un texte qui la décrit accompagné du dessin d'un bijou qui réunit dans sa composition des éléments en correspondance harmonique pour elle. C'est une ancienne pratique de fabrication de talismans que je connais depuis l'adolescence. Si la personne se reconnaît dans le thème et qu'elle le souhaite, la suite appartient au joaillier.

Mon futur mari est l'un des clients qui commandera son « pentacle ». Ayant lu l'étude réalisée pour lui, il demande au joaillier de pouvoir me rencontrer. Mais à l'époque, je refuse de recevoir les personnes en consultation. Le travail à distance me convient très bien.

La destinée trouve des détours pour parvenir à ses fins. Une de mes amies de l'époque est astrologue, discipline que je n'exerce pas encore. Elle connaît de gros soucis matériels et je lui suggère de prendre des élèves pour avoir un revenu complémentaire. Elle accepte en posant une condition : que je m'inscrive au cours pour la soutenir de ma présence. Bien sûr, je ne peux refuser car, ainsi, je priverais mon amie de cette aide financière si nécessaire. Une date est convenue et l'ironie du destin veut que le client qui désirait si fort me rencontrer s'inscrive à ce cours. Le destin a parlé. Ce sont des retrouvailles car nous nous sommes connus « ailleurs » dans d'autres vies. Les affinités sont immédiates et bientôt nous décidons d'unir nos vies. Richard habite une grande demeure à la campagne, je ne la connais pas encore et il m'informe que, depuis quatre ans, il partage cette maison avec un fantôme. Pourquoi cela devrait-il me surprendre ? Cette maison étant une ancienne possession de l'Ordre de Malte, elle à servi de maladrerie ou hospice pour des lépreux. J'en conclus que le « fantôme » fait partie de la mémoire de la maison. Mon fiancé me décrit une femme habillée de noir, robe longue, manches bordées de dentelle et bonnet. Le costume pourrait correspondre au XVIIIème siècle. Elle apparaît presque quotidiennement, aussi bien dans la maison que dans le jardin et même en plein jour. Richard vit seul depuis longtemps. Il dirige un établissement horticole, travaille beaucoup, part tôt le matin et rentre tard le soir. Sitôt de retour dans sa grande maison, il dine et s'accorde un moment de détente dans un petit salon. Souvent, il perçoit comme une caresse sur son visage et, lorsqu'il regarde la télévision, le fantôme se tient longuement derrière lui, les mains posées sur l'appui tête.

Richard ne ressent aucune crainte. Pour lui, cette présence est amicale et protectrice. Un fantôme familier en quelque sorte a qui il a confié la garde de sa maison. Il a tellement confiance dans son fantôme-gardien qu'il ne ferme jamais les volets de cette maison. Tout cela semble bien sympathique et éloigné de mes expériences de jeunesse.

C'est donc sans aucune appréhension que je me rends dans sa propriété. Nous avons décidé que je viendrais habiter avec lui. Le premier jour, dès notre arrivé Richard m'invite à déposer mes affaires dans la chambre du haut. Cette pièce magnifiquement décorée dispose d'une immense salle de bain, également décorée avec goût. En plus des éléments de toilettes, elle est enrichie d'une moquette couleur cardinal avec de nombreux tableaux provenant de l'atelier du peintre Loukine. J'avoue qu'en poussant la porte pour y déposer ma trousse de toilette, je marque un temps d'arrêt tant la pièce est harmonieuse. Eclairée par deux grandes fenêtres s'ouvrant sur le jardin, cette salle de bain est très lumineuse. C'est alors que je vois devant moi, apparaître une main de femme. Cette main est visible jusqu'au-dessus du poignet. Une manche noire se termine par une bordure de dentelle. La main est fine et très blanche. Elle « flotte » littéralement vers moi et, brusquement, me saisit le poignet durement. Son contact est glacé. J'ai mal et l'impression d'être bloquée par une tenaille.

Cela dure et je m'entends dire :

- Qui êtes-vous ? Que voulez-vous ? Lâchez-moi, vous me faites mal !

Aussitôt la main fantôme desserre son étreinte et disparaît.

Choquée, je redescends pour raconter mon aventure. Richard est perplexe. Le fantôme, qu'il nomme familièrement Amélie, n'a jamais rien fait de tel.

Quelques temps s'écoulent sans autre manifestation jusqu'à ce jour d'automne, ou l'amie astrologue est invitée à venir passer le week-end à la maison. C'est en fin de journée, il commence à faire froid et sombre dehors. Le maître de maison indique à notre amie un ensemble de chambres libres à l'étage en lui offrant de choisir celle qui lui plaira. Elle monte déposer son bagage. Quelques secondes s'écoulent et nous entendons un hurlement terrible. Nous précipitant à l'étage, nous trouvons notre amie effondrée au sol. Elle sanglote convulsivement, les mains cachant son visage. Nous craignons qu'elle se soit cognée ou blessée. Mais rien n'est apparent. Il faudra de longues minutes pour comprendre son discours hachuré de sanglots. Ouvrant la porte de la première chambre sur le palier, celle-ci est dans une semi-pénombre suffisante pour voir un berceau d'enfant en osier qui se balance. La main qui l'anime appartient à une femme que notre amie décrit habillée de noir, une robe à manches longues terminées par de la dentelle, un bonnet sur la tête. Interloquée, notre amie reste figée quelques secondes. La femme fait alors le tour du berceau en continuant de la fixer, s'empare d'un oreiller et fait mine de l'appliquer sur le bébé qui doit se trouver dans le berceau. C'est alors que notre amie va hurler d'épouvante et avoir un malaise. Nous aurons beaucoup de mal à la rassurer. Elle ne veut plus retourner dans la chambre récupérer son bagage qu'elle a laissé choir. Richard lui donne une chambre proche de la nôtre. Nous nous réconfortons mutuellement autour d'une tasse de thé. La cuisine est rassurante et la peur s'estompe. Richard ne comprend pas ce changement d'attitude de son « cher fantôme » et nous finissons par rire en évoquant une probable jalousie d'un fantôme amoureux. Cela fait peut-être une heure ou deux que nous discutons et notre amie se souvient qu'elle a promis de téléphoner à ses fils confiés à la garde d'une amie. Le bureau est au rez-de-chaussée et donne sur le jardin. Le téléphone bien en vue. Nous repoussons discrètement la porte sans la fermer. Nous n'aurons même pas le temps de rejoindre la cuisine. Un nouveau hurlement retenti, nous faisant rebrousser chemin. Notre amie terrorisée désigne une porte fenêtre et nous raconte qu'alors qu'elle composait le numéro au téléphone, elle s'est sentie observée. En se retournant, il y avait un visage contre la fenêtre qui la fixait d'un air menaçant : la femme en noir, de nouveau. Le week-end fut écourté. Notre amie préférant ne pas risquer une nouvelle confrontation.

Cela marqua le début d'événements de plus en plus inquiétants. Je voyais régulièrement cette femme en noir. Elle m'observait. Je me sentais « épiée ». Un jour, je trouvais mes bijoux posés sur une table de nuit cassés, comme écrasés. Une nuit, la porte de la chambre s'ouvre et je vois cette femme debout au pied du lit, immobile, avant de disparaître. Mon mari possédait une chatte noire du nom d'Isis qui avait pris l'habitude d'attendre que Richard s'endorme pour me rejoindre et se coucher derrière ma tête. Régulièrement, j'étais réveillée par un miaulement ou un mordillement à l'épaule. Isis me prévenait ainsi de l'irruption du fantôme dans la chambre. L'ambiance devenait de plus en plus tendue. Mes tentatives pour convaincre Amélie de rejoindre un autre plan demeuraient sans effet. Jusqu'au moment où une seconde entité se présenta. Si nous n'apprécions plus le fantôme familier de Richard, le second nous horripila. Ce soir là, nous avions veillé assez tard au salon et, pendant que mon mari montait une tasse de thé dans notre chambre à l'étage, j'ouvrais la porte à notre chien Ohio, pour un dernier petit besoin avant la nuit. Quelques instants suffisaient et je rouvris rapidement la porte pour qu'il rentre. Une masse me barrait le passage et j'eu l'impression de me cogner contre quelque chose. Levant les yeux, je restai figée d'effroi. Devant moi se tenait un personnage terrifiant. Très grand, large d'épaules, il me regardait, les mains sur les hanches, en affichant un sourire narquois. Il était vêtu d'un pantalon brun très serré en velours, d'une chemise à jabot largement échancrée sur la poitrine. Un ceinturon de cuir et des bottes de cavalier complétaient la tenue d'un autre âge. Ses cheveux étaient bruns, ondulés, longs et, détail curieux, il arborait à l'oreille gauche une boucle en or terminée par une croix ornée d'émeraudes. Le chien rentra comme si rien d'insolite ne se passait. Je refermai violemment la porte et me mis à frapper dessus des deux poings en hurlant autant de peur que de colère. Mon mari dévala l'escalier en me demandant ce qui arrivait. Je lui racontai l'affreuse vision. Bien sûr, en ouvrant la porte, il n'y avait personne dehors. Mais à partir de ce moment, nous vécûmes un véritable enfer. Pas une nuit sans bruit de meubles déplacés, sans murmures, portes qui s'ouvrent seules, lumières qui s'allument et s'éteignent. Un soir, mon mari sortant de la salle de bain, vit, allongé à côté de moi sur le lit, le même personnage dont la boucle d'or et d'émeraude scintillait dans la lumière de la lampe de chevet. Après avoir tenté différentes procédures en vain, nous décidâmes de déménager. Ce n'est que longtemps après que nous avons compris notre erreur et découvert la clé du mystère. La maison n'était plus le siège de hantise, les nouveaux propriétaires y connaissant des jours paisibles. Mon mari avait vécu environ 10 ans seul. Il avait probablement « projeté » une part de lui-même sous la forme d'Amélie, compagne amicale qui de surcroit assurait la protection psychique des lieux. Richard collectionnait les antiquités et sa maison était remplie de trésors sans qu'il n'ait jamais eu à souffrir de vols alors que les volets demeuraient ouverts en permanence. A chaque fois qu'il s'en allait, il demandait à l'entité de bien protéger les lieux. Notre rencontre avait été subite et le « coup de foudre » réciproque immédiat. Mon arrivée dans un lieu « protégé » avait été trop soudaine. Richard n'avait pas « désactivé » sa gardienne psychique. Cette part d'ombre continuait d'accomplir sa mission en chassant les intrus et j'avais par réaction, inconsciemment projeté ma propre part d'ombre sous la forme de l'entité masculine. Les deux humains s'aimant d'un amour passionné, les deux parts d'ombres avaient fait de même et s'étaient alliées. Ces doubles se sont dissous avec notre départ rendant ainsi la paix à ces lieux.

Chapitre 9

Alliés, boucliers et protections

Les sociétés philosophiques et initiatiques traditionnelles proposent un chemin d'éveil progressif avec des outils de développement de la conscience. Je l'ai déjà évoqué. Seules, celles-ci fournissent les garanties de sérieux, de probité permettant la confiance. Leurs racines plongent dans un très lointain passé. La transmission s'est opérée sans interruption, au cours des âges, s'adaptant aux époques sans jamais modifier l'essentiel : la technique initiatique qui permet aux postulants de parcourir un authentique chemin menant à l'éveil de la conscience. Le spectaculaire n'est jamais recherché mais, souvent, la réalité dépasse la fiction.

Cela veut dire que le monde qui nous entoure est plein de secrets merveilleux et que l'humain lui-même possède des capacités latentes extraordinaires. Point n'est besoin d'inventer ou d'imaginer des scénarios fantasmagoriques. Notre univers est incroyable. Il faut être circonspect pour s'aventurer dans certaines voies. Ne pas tout croire sans expérimenter avec prudence. Ne pas glorifier de pseudos « gourous » qui n'ont pas plus de capacités qu'un honnête illusionniste et dont les principaux attributs sont leurs capacités à charmer qui les écoute ou à manipuler l'illusion. Je peux vous en parler pour en avoir croisé certains, souvent dangereux et du « côté obscur de la force ». Leur pouvoir s'arrête lorsque cesse notre foi en eux. Faut-il encore pouvoir se réveiller à temps ! Leur but est tristement le même, sans originalité : la recherche du pouvoir. Dominer les autres, les amener à faire ce que veut le « maître », capter leur argent, leur énergie. Les pires étant ceux qui se croient sincèrement investis d'une mission. Ils ont pour arme leur profonde croyance en leur supériorité par rapport au commun des mortels. Ils sont donc plus difficiles à cerner que les hypocrites, simples escrocs manipulateur dénués de vocation spiritualiste. Ces personnages sont présents partout, dans toutes les voies, parfois même dans toutes les religions. Partout où l'homme s'engage en recherche d'une croyance, d'un espoir, d'une technique spirituelle pour avancer, on les trouve tapis au détour du chemin, comme des brigands guettant les pèlerins pour les dépouiller.

Le chamanisme, qui connaît une notoriété croissante depuis quelques années, n'en n'est pas exempt.

Internet regorge de proposition de stages, de formations, de voyages en relation avec l'univers chamanique. Beaucoup reviendrons, déçus au mieux, abimés au pire, lorsque l'expérience proposée comporte l'usage de plantes dites « sacrées ». J'ai personnellement connu des personnes qui ont fait ce mauvais « trip » et n'en sont pas revenus indemnes.

J'ai fait l'expérience terrible de la « petite mort » avec des plantes amazoniennes. Je ne la conseille pas à mon pire ennemi. Je l'ai faite en toute connaissance de cause, bien décidée à ne m'en prendre qu'à moi-même si cela tournait mal. Par chance, le chaman était authentique et ma sœur Carmen à mes côtés. Sans elle et sa vigilante affection, cela aurait pu mal se passer. Le chaman m'avait d'ailleurs questionnée sur ma motivation à devenir « femme-médecine ». Il avait testé mon énergie et ma résistance et m'avait prodigué quelques conseils et mise- en-garde.

A notre époque, des manœuvres visant à discréditer les sociétés initiatiques ont abouti à susciter crainte et méfiance de la part du public. Il est bien difficile pour un cherchant sincère de trouver l'organisation susceptible de répondre à sa

« note » particulière. Cela demande courage et ouverture d'esprit. Passer outre aux ragots et amalgames des soi-disant commissions antisectes auto proclamées et dont l'inculture et la volonté de nuire nous rappelle furieusement les temps de l'inquisition.

Les organisations sectaires imposent deux paramètres fondamentaux à leur « disciples » : absorber sans discussion, ni analyse les croyances professées par le groupe et récolter de l'argent beaucoup d'argent. C'est à dire des sommes qui n'ont rien de comparables avec les cotisations indispensables au bon fonctionnement d'une structure. D'autre part une école philosophique authentique propose un enseignement et des outils, mais ne l'impose pas. Répétant régulièrement à ses membres que si quelques points dans l'enseignement ne leur semble pas assimilable ou heurte leurs convictions, ils peuvent mettre ce sujet de côté et poursuivre leur route sans se perturber. Tolérance, indépendance et liberté sont des fondamentaux qui doivent permettre d'éviter les pièges. Encore faut-il le vouloir et avoir la force et la détermination nécessaires.

Aussi, aux personnes qui me demandent de leur recommander une organisation, un groupe, une école à rejoindre, je les invite à la réflexion. Tout en mentionnant les voies qui m'ont conduite à plus de lumière intérieure, je réponds, qu'aujourd'hui, il leur appartient de trouver les ressources enfouies dans leur être intérieur. Je ne sais pas s'ils pourront résister aux pressions que la société, leur entourage, les amis « qui leur veulent du bien », exerceront sur eux pour les détourner de leur choix dès qu'ils auront mentionné le fait de rejoindre une organisation. Cette épreuve je la connais, je l'ai traversée. Je pense l'avoir dépassée grâce aux expériences spirituelles qui ont été les miennes et qui ont contribuées à développer la nécessité de se forger une opinion par soi-même, d'écouter seulement l'intuition, le « maître intérieur ». Lorsque l'élève est prêt, le maître paraît, dit l'adage. Si l'élève fait preuve d'indépendance et de courage, l'une de ces voies authentiques s'ouvrira. Le cherchant bénéficiera alors du plus puissant des boucliers : l'égrégore de l'organisation.

L'origine grecque du mot signifie « veille ». la définition courante indique une énergie produite par les pensées et les émotions d'un groupe poursuivant un but défini. L'hermétiste Robert Ambelain en donne l'interprétation suivante : « une force engendrée par un puissant courant spirituel et alimentée ensuite à intervalles réguliers, selon un rythme en harmonie avec la Vie universelle du Cosmos, ou à une réunion d'entités unies par un caractère commun. Dans l'invisible hors de la perception physique de l'homme, existent des êtres artificiels, engendrés par la dévotion, l'enthousiasme, le fanatisme, qu'on nomme des égrégores. ».

Il y a des égrégores positives et des négatives. Cela doit nous rendre circonspect.

S'entourer d'alliés et de boucliers s'avère nécessaire.

Découvrons ensemble les plus puissants.

La voie chamanique parle d'animaux totems. Ce sont des énergies avec lesquelles un pacte est conclu. Mais, on ne choisit pas un allié simplement parce qu'il nous plait. La démarche est profonde, fait partie de la connaissance de soi. Dans notre incarnation présente, nous sommes le réceptacle de nos expériences passées auxquelles s'ajoutent les apports de la lignée dans laquelle nous avons choisi de naître : mémoire des ancêtres, de la famille. Nos énergies résonnent avec des particularités exprimées par l'âme de groupe d'une espèce animale : courage, ruse, souplesse, instinct, vigilance, fidélité, loyauté. Le chamane consacre du temps et de l'effort dans le choix de ses alliés. C'est souvent par le rêve que le totem se présente. Parfois, une vraie rencontre se produit avec l'animal qui deviendra l'allié.

La recherche de l'animal-totem personnel a son pendant dans notre culture. Les celtes s'identifiaient avec des animaux tels l'ours, le sanglier, le cerf, le saumon, la corneille ou le corbeau. Dans toutes les cultures, l'on observe des identifications avec le monde animal : De même que les arts martiaux comme le Kung-Fu ont élaboré des techniques de combat en observant les bêtes, les hommes ont voulu s'attribuer des qualités animales.

Sur le plan énergétique, il existe un lien réel entre l'être et son ou ses totems. Il s'agit là d'un aspect très particulier du mystère de la nature. L'animal-totem assure vraiment aide et protection.

La représentation graphique de l'animal-totem fait partie du bouclier chamanique.

Contemplons quelques instants le bestiaire héraldique qui orne les armoiries ou les écus de l'ancienne noblesse d'occident. Nous y trouvons l'ours, le cerf, le loup, la panthère, l'aigle et bien d'autres animaux ainsi qu'un bestiaire fantastique avec le dragon, la licorne, le griffon, etc. Ces figures faisant partie des « meubles » d'un écu ou d'un blason symbolisent des vertus, des valeurs auxquelles les chevaliers se rattachaient et qui les représentaient. Ils arboraient ces représentations sur des boucliers, des écus qui étaient suspendus en haut de mats lors des combats courtois. Ainsi, un adversaire, pouvait interpréter ces emblèmes afin de choisir un combattant à défier. Il jetait alors son gant contre l'écu, signifiant par là que le combat serait instructif pour les deux adversaires qui mesureraient ainsi la puissance de leurs alliés. Le blason est un peu le totem familial. Il concerne une lignée, un clan et trouve son pendant dans les totems tribaux des peuples premiers. Dans de nombreuses cultures, l'animal-totem est considéré comme l'ancêtre d'un clan ou d'une famille et comme une divinité protectrice. Le totem de groupe comme le totem personnel sont des symboles protecteurs. De la même manière qu'un chevalier élaborait son écu en respectant les règles de l'héraldisme, le chamane composera son bouclier en respectant des règles spécifiques. C'est un travail long et minutieux qui amène à une profonde introspection en relation avec le principe du « connais-toi toi-même ».

De nombreux symboles font office de boucliers de protection comme les croix ou médailles bénies, ou bien les pentacles. Certains symboles sont donnés comme efficaces en relation avec les ondes de forme qu'ils émettent. Les connaissances de l'Egypte antique étaient vastes dans ce domaine. La lecture de l'ouvrage de L. Chaumery et A. de Belizal « Essai de radiesthésie vibratoire » est très instructive. Les auteurs ont étudié de nombreux objets provenant des fouilles archéologiques et leurs conclusions sur l'action de ces objets par émission d'ondes sont passionnantes.

Ensemble sur le chemin

Vous m'avez accompagnée un moment sur mon chemin vers l'éveil. Je vous en remercie. Il m'a été agréable de partager avec vous quelques expériences. De témoigner d'un aspect particulier d'un monde plein de merveilles et de mystères La route se poursuit pour moi comme pour vous. Je n'en connais pas vraiment la finalité. Je la suppose. Je l'espère. Dans combien de vies s'arrêtera la roue de ma destinée ? Je l'ignore. Dix vies, cent vies ou mille ? Peu importe. Eternelle étudiante, je me nourris à la source d'un savoir ancestral et cela me remplis. Je sais au plus profond de moi qu'un jour ou l'autre le voile se déchirera et la fusion dans la lumière sera la récompense.

Un jour, un chamane m'a dit : « Tu es l'inverse d'une orange, blanche au dehors et rouge au-dedans ; moitié occidentale et moitié indienne. » Il devait faire référence à d'autres vies ? « Tu comprends nos traditions mais dans cette vie, tu n'es pas indienne. Dans le passé de ta race, il y eut les plus grands chamanes que la terre ait portés : les druides. C'est ta culture, tes racines. Ta mission est de réveiller la mémoire des étoiles auprès de ton peuple. » J'ai donc rejoint les rangs d'une infinité d'oranges – blanches et rouges – rouges et blanches, qui témoignent aujourd'hui de l'unité de la connaissance et qui, toutes et tous ensemble … réveillent la mémoire des étoiles.

Mais il est temps, à présent, que vous partagiez la vision de mon amie, ma sœur. Je vous confie à la femme-jaguar.

Bonne route !

CHAPITRE 10

Carmen parle

Je suis née au bord de la mer, dans le port principal de mon pays, le Callao… Ce port a été, depuis l'invasion des espagnols, et même avant, le lien qui unissait le Pérou à tout le reste du monde. Il se trouve dans la partie centrale et occidentale de la côte péruvienne, sur l'océan Pacifique.

Mes visions et rêves depuis toute petite se sont projetés vers l'ailleurs ! J'adorais m'asseoir sur les grosses pierres de la plage et regarder l'horizon, je m'évadais, je pouvais pallier mes souffrances et tristesses, à ma solitude, à mes pleurs de petites perles salées (tellement semblables aux gouttes formant cette immense mer !) et les vagues de l'océan m'emportaient loin, loin, loin…

Mon univers était peuplé des êtres proches, souriants, aimables et beaux qui emplissaient mes jours de joie et musique. Danser et chanter sans motif étaient mes passe-temps favoris. Je me sentais et me savais différente, je pouvais sortir de mon corps physique et regarder ce qui se passait autour, pouvais entendre des conversations secrètes, découvrais des relations interdites, me lançais dans des sauts énormes pour descendre les escaliers plus vite, devenais randonneuse des étoiles, traversais des mondes en utilisant des arcs-en-ciel… et tout cela en cachette, c'était mon monde mystérieux, intime, colorié avec mes propres couleurs, là où personne n'y avait accès.

Quand la tristesse m'empêchait de dormir j'appuyais mon nez sur la fenêtre pour regarder dehors, la nuit couvrait l'ensemble du jardin, l'obscurité était totale, profonde, insondable… Et puis, un jour un loup blanc est apparu…

Nous nous sommes apprivoisés, doucement, tendrement, nos solitudes se sont rencontrées, nos âmes se sont confondues en un seul morceau et nous avons marché ensemble. Combien des nuits je me suis promenée sur le dos de mon petit Loup Blanc, lui, il était ma consolation, mon ami, mon compagnon des aventures nocturnes. Il m'emmenait vers ses terres froides et blanches, sous une couverture bleue et douce je me blottissais en appuyant mon visage sur sa peau soyeuse et parfumée des odeurs de la forêt. C'est pendant ces nuits que j'ai appris à humer les bois, à sentir les plantes, à connaître les animaux maîtres des étendues sauvages.

Ma vie spirituelle à découvert.

Nous vivons une époque passionnante et difficile, je constate que l'humanité est en train de s'enfoncer de plus en plus dans un trou noir. Il est nécessaire de mettre toute la confiance dans sa capacité de s'en sortir la tête bien mise sur les épaules. Pour cela s'ouvrir à la spiritualité est une proposition non négligeable qui peut l'aider à aller de l'avant tout en essayant de changer les mentalités, les actions et les visions des tous ceux qui partagent cette expérience.

Le yoga est un chemin incontournable pour arriver à bon port : un mode de vie différent qui permet de vraiment modifier et mettre de l'ordre dans la vie de tout un chacun. Le yoga ressort à la lumière dans les temps modernes pour restaurer l'intégrité et l'équilibre de l'homme. A travers cette science-discipline tous les aspects de la personnalité, de la vie extérieure et intérieure de l'homme peuvent être purifiés, harmonisés et régulés.

L'éveil est un mot très utilisé dans ces temps d'angoisse, désorientation et manque de repères. Mais, qu'est-ce cela signifie ?

Nous devons voir surtout le côté lumineux de la vie et développer les vertus en nous et dans les autres. La pensée est créatrice et en ayant une approche positive de l'ensemble nous pouvons transformer, corriger, harmoniser notre environnement intérieur ce qu'apportera une régénération à notre entourage. Si nous arrivons à contrôler et à nous responsabiliser de notre état de santé physique et mentale nous serons capables de mieux appréhender les besoins du monde de la société en général.

Ces enseignements viennent de mes Maîtres de yoga, la lignée de Swami Satyananda. Je les intègre dans mon quotidien et en les appliquant à chaque instant je constate que tout devient meilleur.

Dans mes souvenirs d'enfance il y a eu toujours Dieu, je l'ai senti à mes côtés tout le temps, dans la tristesse et dans la joie, dans la souffrance et dans le plaisir, dans la lumière et dans l'obscurité. Mes mots préférés étaient « Oh, mon Dieu ! » Plusieurs fois je me suis demandé pourquoi : C'était de l'imitation parce que j'entendais ces mots dans la bouche des autres ? C'était une vision, un leurre, une hallucination ?

Et puis, « Qui suis-je pour Le nommer à n'importe quel moment, pour n'importe quelle raison ? »

Ce n'étaient pas des pensées d'une petite fille, « Comment cela se fait que je sois si petite et si pleine de questions importantes ? Qui peut m'aider à donner une réponse à tout cela ?

Dieu est devenu mon refuge, mon compagnon, ma Lumière dans l'obscurité de ma solitude et mon désarroi de petite fille incomprise…

Et je me suis mise à chercher parmi mes connaissances, à les observer en cachette, bien sûr, c'étaient mes êtres chers, ceux qui m'aiment et me protégeaient… mais leurs comportements étaient si différents de leurs paroles… « Ils disent une chose et puis font une autre totalement à l'opposé… pour quoi ? »

Et, entre une chose et autre c'est ainsi que je suis devenue une fille qui entreprenait des expériences à l'abri de tous. Je pouvais échouer ou avoir du succès, cela m'était égal. J'ai commencé à « classer » tout cela dans un tiroir de mon cerveau et lorsque j'en avais besoin, j'allais le compléter, le modifier, quoique parfois, j'oubliais parce que le vécu était déjà fini.

Mon observation silencieuse donnait des résultats et bientôt je me suis mise à me dire : « Je ne ferai jamais cela, ou, ceci est pour moi… je souhaite devenir : médecin, guérisseuse, mère de famille aimante qui ne frapperai point ses enfants, une étudiante éternelle, ma soif de connaissance ne sera guère tarie…, je rencontrerai des saints, des maîtres, les vrais ! ; je voyagerais partout dans le monde, rien ne pourra m'arrêter… je quitterai tout pour aider les autres et je deviendrai un être spirituel… l'être véritable que je suis ! ».

Et, à l'âge de 14 ans je découvert le yoga… ma meilleure amie m'a amenée à le pratiquer, à l'étudier, à l'adopter pour la vie. Je suis devenue végétarienne, même si parfois j'ai fait des écarts (notamment pour enseigner à mes enfants qu'il fallait manger un peu de tout !), c'est cette façon de manger qui convient à mon corps, à mon énergie, à mon esprit.

Lorsque je pratiquais le Karaté, j'ai commencé à ressentir des douleurs intenses à l'estomac, à perdre l'appétit, à maigrir. Ne voulant pas aller voir un médecin j'ai dissimulé les symptômes à ma famille. Un jour je me suis évanouie et la décision est venue toute seule : si le moment de quitter ce monde est arrivé, je m'en irai tranquille, en paix, mais...

Nuit de l'âme

Je me sens maladroite
Malhabile, stupide,
Morbide, inutile…

Tremblements en gémissant
Jaillissent de mon être
Un nœud est mon estomac

Mille pensées impertinentes
S'agglomèrent, se poussent
Rétrécissent, temporisent…

Où suis-je ? Qui suis-je ?
La nuit de l'âme
Me poursuit, m'oppresse, me maudit

Un cri m'étrangle sans pitié
Et refuse de s'exprimer,
Que pourra le dissoudre ?

Aveugle, sourde, insensible
La tristesse imperturbable
Paralyse, bloque, angoisse…

Le spasme d'un sanglot
Trouble, perturbe, frissonne
Pas de cure ou action possible

Désespoir, désarroi,
Tout est noir
Tout est loin

Je touche le fond
Et sans pouvoir faire un bond
M'enfonce dans la boue

Gadoue sablonneuse
Saigne ma vie
Gluante, épaisse, torturée

Engloutie dans ce marasme
Un vide sans vide
Un rien sans rien

Accablée, abrutie
Sans salvation possible
Je me noie dans une larme !

La sœur de mon père, Tata Saida, était allée consulter une guérisseuse très réputée, celle-ci, dénommée Doris, lui a dit : « Vous venez pour votre nièce ? » Surprise, ma tante a répondu qu'elle venait pour obtenir de l'aide pour son mari qui était souffrant. « Le plus urgent c'est votre nièce, elle est mourante ! ».

Laquelle parmi ses quatre nièces ? Comment le savoir ?

« Il est absolument nécessaire que je l'opère, sinon elle mourra dans les jours qui suivent ! ».

Angoissée, ma tante a téléphoné à ma mère, qui m'a appelé pour me poser la question… « Je me laisserai faire seulement si Pierre accepte de croire à cela ! ».

Entretemps, je suis allée consulter une clinique d'herboristerie, ils ont confirmé un cancer au pancréas. M'ont donné des plantes et avec tristesse m'ont dit qu'ils ne pouvaient pas m'aider davantage.

Mon médecin, après des examens approfondis, m'a reconfirmé le diagnostic. Et me voici devant mon mari qui, avec philosophie, a prononcé la phrase suivante : « C'est ton corps, ta santé, cela t'appartient, vois et fais ce qu'est le meilleur pour toi et pour nous ! »

Doris a demandé que je sois couchée de bonne heure, seule dans la chambre, ce que j'ai fait.

Il est 21 heures, une obscurité totale m'enveloppe mais point de sommeil… « Qu'est-ce qui va m'arriver ? » Et d'un seul coup, un courant électrique parcourt mon corps des pieds à la tête, tremblements, froid et rien… je suis tombée dans le néant.

A cinq heures, je me réveille et avec la pensée, j'appelle Pierre. Il est resté travailler toute la nuit dans son bureau. Il arrive et je lui demande de m'aider à aller aux toilettes. Je m'incorpore et m'évanouis aussitôt, il me porte dans ses bras me soulage et me dépose sur le lit au retour. Je m'endors d'un sommeil doux, calme, merveilleux !

Au réveil je m'aperçois que le gros ventre a disparu et qu'au bas ventre je sens comme si une lame m'avait coupée la chair. Je touche, rien… pas de cicatrice ou de trace quelconque.

Je suis le traitement à base de « griffe de chat » que Doris m'a donné, cinq jours à boire ce liquide infecte, amer et si bon…

Cinquième jour, ma tante appelle pour me dire que Doris souhaite me voir, qu'ils (avec mon oncle) viennent me prendre pour m'amener chez elle et la voir. Ils me déposent dans une coque de maison en construction, grande, pleine à craquer de monde en attente, ils me disent qu'ils reviennent me chercher vers midi. Il est 8h, je suis fatiguée, quelqu'un m'approche un petit banc, je m'y assois et je perds toute notion du temps et de l'espace.

Soudainement, je me sens si bien, l'énergie arrive à plein, elle me donne de la joie, mon cœur bat paisiblement… les gens devant moi se séparent en formant un couloir, au bout de ce couloir un être aux yeux couleur ambre, digne, débout devant moi, qui dit : « Vous êtes la nièce… ». Je regarde autour de moi, personne. « Vous, vous… je vous ai guérie, tout était pourri dans votre corps physique… venez me voir au cabinet. »

Elle m'a donné un traitement pour continuer la purification, m'a dit de trouver un médecin qui m'aide à rétablir l'équilibre et de me mettre « au travail » !

A partir de ce moment ma vie spirituelle est devenue ce qu'il y a de plus important dans ma vie. J'ai compris la raison de ma réincarnation, de ma présence sur terre et pourquoi je devais chercher ce que j'étais venue réaliser ici.

Nous sommes des êtres spirituels venus vivre une expérience humaine. Cette expérience sans fin servira à perfectionner de plus en plus l'évolution de l'être, à modifier ce qui ne fonctionne pas, à continuer la quête d'une spiritualité de plus en plus ouverte à l'infini.

Et ma quête, ma recherche, mes investigations sont devenues vivantes, passionnantes, apaisantes, mes raisons de continuer à vivre, à vibrer, à charger de lumière mon sentier… le sentier que d'autres devront parcourir aussi.

Tout ce que j'ai entrepris depuis ce jour, est devenu un bien, une ouverture, une étincelle d'espoir pour moi et à partager avec les autres !

La tradition péruvienne (ce que vous appelez chamanisme).

Le Pérou est un pays fortement traditionnel, la cosmovision andine est toujours présente partout, les blancs n'ont pas réussi à nous enlever cela. Nos Aînés ont pu mettre dans les églises, temples et autres constructions religieuses les symboles de cette cosmovision, pour qu'elle puisse traverser les temps.

Cette tradition nous est inculquée depuis le ventre de notre mère, cependant nous ne sommes pas conscients de cela, du moins pas quand nous vivons dans les villes.

Quand j'ai rencontré les « hommes sacrés andins » en Europe je me suis rapprochée d'eux avec un peu de méfiance et, doucement, je suis devenue consciente de la richesse de nos connaissances. Celles-ci m'ont fait découvrir la nature intérieure de mon être, mon entourage humain, mon environnement interne et externe, Dieu, l'Energie partout et en tout… j'ai pris contact avec les Apus européens et enfin j'ai commencé à m'adapter à la France, mon pays d'adoption !

Nous appelons Apus aux Esprits de la montagne… cet esprit se trouve au cœur des pics pour veiller sur un territoire assez élargi. L'Apu de l'Europe est le Mont Blanc. Juan Camargo, le premier avec lequel j'ai fait un « travail » m'a conseillé d'aller faire une offrande au Mont Blanc, de cette façon, m'a-t-il expliqué, tu deviendras une fille d'ici et tous tes problèmes de désadaptation disparaitront. Nous sommes allés, Pierre et moi au Mont Blanc, nous avons traversé, au mois de novembre, un bois féerique, tout blanc parce que la glace couvrait complètement les arbres et leurs branches ! Et puis nous nous sommes rapprochés du sommet, j'ai fait mon offrande et nous sommes descendus… la fatigue commençait à nous endormir et nous nous sommes arrêtés dans un coin de la route pour nous reposer. Et j'ai eu une vision, un rêve éveillé… je me suis vue aux portes de la montagne, ces portes se sont ouvertes pour m'accueillir dans le ventre du Mont Blanc. Tout au fond un homme plein de bonté, avec une barbe longue, blanche, épaisse m'a fait signe de m'approcher de lui. Avec infinie tendresse il m'a prise dans ses bras et m'a demandé la raison de ma visite. Nous avons dialogué quelques minutes, je lui ai raconté que la mère de mon grand-père paternel était française, que j'aimais la France comme mon propre pays mais… et puis il a dessiné des symboles en dessus de ma tête, en face de mon cœur et sur mes pieds ; j'ai tourné et tournée en spirale et puis… je me suis réveillée complètement rétablie dans mon énergie. Plus jamais je n'ai me suis sentie hors de mon pays, la France m'avait adoptée !!!

Les visages défilant devant moi ne me sont pas inconnus, me demander où les avais-je vu avant me faisais sortir du temps et de l'espace… cependant… entrer dans la spirale à n'importe quel moment n'est pas très difficile… la tentation est grande… et, je suis déjà dans le sommeil du songe… les yeux entrouverts et je continue à recevoir les accolades et les bisous… ces visages souriants avec les yeux qui ne me trompent pas… entrer en eux est comme un besoin et je me demande pour quoi.

Petite fille je m'amusais avec tout cela, je pense que parfois j'avais des surprises désagréables et de là mes grosses colères que personne n'arrivait à comprendre. « Cette petite si capricieuse », disait ma mère en s'énervant, « Qu'est-ce que vous faites à cette petite créature » criait mon grand-père, « Vient ici, ma petite fille, vient que je vais faire des petites croix… » Cette voix qui chante encore dans mes oreilles était celle de ma Mère Marguerite, ma bien-aimée grand-mère maternelle. « Bzzz, bzzz, bzzz, sa voix était inaudible, je n'entendais que des bourdonnements, et les petites croix vont et les petites croix viennent (avec la main droite elle mettait son pouce sur l'index en imitant une croix) … Je vais le faire comme toi ! avais-je décidé depuis la première fois que je l'ai vue faire ! ».

Aujourd'hui que je vis en Europe et souvent dans le monde des « initiés » la mémoire de l'enfance devient patente et les images défilent me racontant en me charmant. Le besoin d'exprimer a toujours été présent et la vie m'a parfois, donné des opportunités que je n'ai pas toujours pu saisir… je ne le regrette pas, l'expérience a enrichi le répertoire.

Les enseignements en Europe

Ils sont presque tous là… peut-être un ou deux me manquent… les voilà… le cercle est fermé. Carlos et moi avons essayé de travailler sur les textes que lui et Alejandrina (son épouse) ont préparés à Cusco. Pour la première fois il va donner un cours de chamanisme pour occidentaux… pour la première fois je serai à côté de lui pour faire passer le message en français… un peu de panique, le trac et nous voici en train de faire un vrai travail d'équipe. C'est une épreuve pour nous deux. Les fous- rires des jours passés à Coole s'effacent petit à petit et nous devenons un seul esprit, un seul corps, une seule voix… les enseignements sacrés viendront transformer ces âmes avides de connaissance.

Le début

Tout a commencé il y a deux ans, en 1992, quand l'amie d'une amie m'avait envoyé une lettre en me disant son amour pour les indigènes des Amériques, par la même occasion elle a profité pour me parler d'une rencontre probable à Melun avec Carlos Tovar (Amarunina), un maître péruvien qui vient faire des conférences en France. Quelques 150 Km plus loin j'ai pu le retrouver, nos regards se sont croisés, nos yeux se sont parlés des temps jadis et une étincelle de feu a brillé dans la nuit. Il parlait dans un langage si connu et si cher pour moi, j'étais éblouie, le cœur battait doucement, calmement… et j'ai su !

Le premier jour je suis allée toute seule, en entrant dans la salle de conférences je l'ai vu ! Fort, beau, animé par « notre joie de vivre » ; une fille espagnole faisait la traduction ; je me suis mis le plus loin possible de l'estrade et de là ma mémoire s'est promenée dans les contrées lointaines de mon pays. Comme ils sont mes indiens, leur façon de parler, de regarder intensément et doucement au même temps. Qu'est-ce que je fais ici ? Un pays si froid, si distant, si difficile ?

D'un coup, j'ai senti du feu sur moi, j'ai soulevé ma tête et son regard était posé sur moi. Il m'a dit tellement de choses, il m'a secouée, bouleversée, changée !

A la fin de la conférence il m'a appelé, nous avons dialogué comme seulement nous savons le faire… et puis il m'a invité à venir le lendemain.

Le deuxième jour je suis venue avec ma famille, mes filles, leurs compagnons… Amarunina s'est approché de nous et nous a salués avec déférence. Quelle fierté de présenter un homme comme lui à mes êtres chers. Nous avons participé à la cérémonie, nous capté les enseignements et quelque chose s'est ouvert en moi.

De retour à la maison le silence régnait dans la voiture, nous étions tous plongés dans nos pensées, dans nos ressentis. Comment ont-ils pris tout cela ?

Le troisième jour je me suis présenté avec mes grandes copines : Anna et Monique. Toutes les trois intéressées par la cérémonie qu'allait suivre : elle était programmée pour la nuit. Nous étions une cinquantaine de personnes, en cercle, tous nous regardions avec un peu d'appréhension les préparatifs sans savoir exactement où nous étions tombés.

Et puis il a parlé, il a dit que normalement dans ce genre de cérémonie il était toujours accompagné par son épouse, car il avait besoin de son côté féminin. Il a dit qu'il pensé avoir choisi parmi les présents une femme qui pouvait la remplacer. Il se tournée vers l'assemblée et à la fin il s'est arrêté en face de moi. Il a tendu sa main et m'a demandé de me mettre devant l'autel érigé dans la partie supérieure et central du cercle. Tout bas, en espagnol, je lui ai dit que je n'avais jamais participé à une cérémonie comme celle-ci, que je n'avais pas du tout une formation pour cela, que….

« Rien n'est nécessaire, seulement que tu te souviennes… maintenant, mets-toi au travail ! ».

Hésitante et en tremblant d'émotion j'ai dû me ressaisir et me centrer… j'ai observé les objets à mettre en place sur l'autel, et doucement je les ai placés… De temps à autre il se tourné vers moi et approuvé ou désapprouvé. J'avançais ou modifiais, selon son regard… et finalement il a complètement ouvert son sourire et m'a dit : « Bien ! Tu vois que tu savais ? ».

Pendant la cérémonie, toutes les trois avons beaucoup rit, étant donné nos visions des auras des personnes qui se plaçaient au milieu du cercle pour se faire « nettoyer » nous guidions notre chamane… et le voilà qu'il courrait d'un coin à l'autre à la recherche des entités, des nuages noirs, des oiseaux ; avec son hochet il chassait ce qu'il fallait et il rétablissait l'équilibre de l'ambiance, des gens, de tout !!!

Quelle énergie ! Toute la nuit nous avons « travaillé » et il nous a remerciées chaleureusement.

Nous avons fait un cercle de parole dans la nature, nous avons partagé un feu sacré qu'il avait préparé et à la fin des friandises et boissons que tout un chacun avait apporté pour le petit déjeuner. Il va sans dire que, pour un homme qui ne boit pas d'alcool, et qui a bu à même la bouteille du whisky, de la bière, de l'hydromel… il a fumé une pipe, des cigares, des cigarettes, nous étions sidérées de le voir ! Après il nous a expliqué que dans un cercle tout est sacré et que l'alcool et le tabac n'étaient pas nuisibles puisque sacrés aussi.

Comment expliquer ce vécu dans les deux mondes simultanément ? La division entre l'invisible et le visible n'est pas… le rationnel et l'irrationnel se fondent et il est tellement difficile de le supporter parfois… !!! Ces larmes que je continue à verser servent à faire couler les souillures cachées dans le plus profond de l'âme, là où un point reste dans l'attente d'un instant de déroulement pour se montrer et dire aux autres ses secrets les plus secrets… un tremblement intérieur se fait évident pour manifester la véracité des sensations, des émotions, des significations qui vont au-delà des mots…

« Qui es-tu ? Qui es-tu ? » … « Je ne peux rien dire, il faut que tu le découvres par toi-même… »

« Mais, cette tache de naissance est la même que tu portes aussi, et au même endroit que moi ! Qui es-tu ? »

« J'ai traversé les océans car tu as émis un appel ! Tu dois savoir pour quoi ! Rappelle-toi, tu sais ! »

Au moment de nous quitter je lui ai demandé s'il pouvait venir chez moi pour nous faire une cérémonie, il a dit oui et nous sommes parties heureuses avec l'idée d'être avec lui un peu plus en privé.

Nous avons tout organisé, il devait venir chez moi, nous avons invité nos amis proches qui étaient déjà en chemin, en quête. Chacun devait apporter quelque chose à manger, j'allais préparer du pain et puis la maison… Le même jour au matin, il m'appelle pour me dire qu'il ne viendra pas, que son organisateur ne pouvait pas l'amener que son avion partait tôt le lendemain, etc. Je lui ai rappelé la parole sacrée, une parole est une promesse, un contrat chez nous. Et puis, après une petite discussion il a dit :

« OK, je viens à 15H, que tout le monde soit ponctuel ! »

Encore un cercle, cette fois du feu, la cheminée de chez nous bien allumée, il s'approche du feu et avec la main nue prend une braise à rouge vif pour la mettre dans le brûleur d'encens. Blême, je lui ai dit qu'il pouvait se cramer la main, il a rigolé et sans plus il m'a montré sa main toute propre ! Aucune trace n'était restée, et pourtant, la braise était bien rouge !

Noël de la même année, Anna et Richard nous ont invités à passer le réveillon avec eux et leur famille. Jamaël et Emilio sont là, ils insistent énormément pour que je fasse venir Amarunina en France et organiser des séminaires ici. Je leur réponds que si je fais venir un Maître comme lui, il va falloir beaucoup de respect pour ses enseignements, qu'il était nécessaire que l'intérêt soit authentique, etc., etc., etc.

Me voilà en train d'envoyer un fax, passer un coup de fil, planifier le premier séminaire, chercher le thème et l'argent pour lui payer son billet d'avion… Et enfin, il arrive plein de présence, d'interrogations, d'envie de transmettre ce qu'il connaît des traditions amérindiennes.

Le premier séminaire.

Avant de commencer les enseignements, Amarunina est venu s'installer chez nous pour quelques jours (Ma famille : Pierre, nos 4 filles, nos chats, notre jardin : tous et tout à disposition pour notre travail de préparation !!!). A Coole (dans la Marne - 51), et nous avons essayé de mettre en place une façon de communiquer, de transmettre les enseignements en français. Impossible d'avancer… nous avons d'abord appris à communiquer entre nous, un regard, un sourire, des fous rires, des voyages astraux, la danse des étoiles : nous avons créé la complicité qui nous a tant aidés lors des séminaires.

Quelques jours avant son arrivée en France j'ai « reçu » la visite de ses grand-mères, des femmes de la forêt qui m'ont expliqué, enseigné, montré les plantes, les animaux, tout ce monde merveilleux de la jungle, et surtout comment comprendre que lui été porteur des enseignements sacrés, lui était, lui-même, un homme sacré : je n'avais pas le droit de changer quoi que ce soit, la transmission devait se faire parfaitement, à la lettre !

Alors, j'avais passé quelques jours dans un état « autre », dur, dur de m'occuper de ma famille, de la maison… ils ont été adorables pendant ce temps où la mère était présente/absente au même moment.

Petit à petit j'ai redécouvert les enseignements ésotériques de nos traditions amérindiennes, si ancrées, si complètement intégrées dans la vie quotidienne en Amérique du Sud et transmises seulement de façon orale. Il m'a initiée à nos rites, à nos cérémonies, à nos pratiques avec les plantes sacrées, aux soins énergétiques, rééquilibrages des chakras, préparation des remèdes, utilisation de la voix pour chanter les chants sacrés et soigner, et tant d'autres choses qui restent classées encore au plus profond de ma mémoire.

12 ans ! nous avons « travaillé » ensemble pendant 12 sublimes années ! Il est venu me libérer le jour où je lui ai annoncé que j'allais suivre les enseignements de Dhyani Ywahoo, Mère Divine et Maître spirituel Cherokee demeurant aux USA, dans le Vermont. Et c'est Dhyani qui m'a renvoyée au yoga… Ma rencontre avec le yoga s'était donnée quand j'avais 14 ans d'âge. Maintenant je suis professeure diplômée de Yoga Satyananda et les enseignements que je transmets viennent de nos Maîtres vivants, ils demeurent dans deux ashrams en Inde… je pars les ressentir, les écouter, les regarder, donner et recevoir… au moins 2 fois par an.

En Inde il est dit qu'un Guru est Dieu en personne, qu'un Guru est notre Guide, notre Lumière et que recevoir sa bénédiction est propice pour une vie de paix, de tranquillité, d'éveil.

Namoh Narayana !

Dans l'éclat de nos rires et sourires
Et l'étincelle de nos regards,
Dans nos mots et paroles
Et le mouvement de nos cellules...

Dans la magie du silence
Où pénètre notre esprit
Distillons lumière et paix,
Joie et bonnes pensées !

Prenons soin de notre entourage
À chaque instant et maintenant !
Dans chaque geste mettons
Tendresse, dextérité et sagesse pour tout et pour tous...

Réunissons en un seul
Esprit et matière,
Et à notre manière et en dansant la vie,
Diffusons amour, yoga et bonheur

Om Shanti !
Sourire, lumière et paix
Dharmaratna

Au Pérou il est dit que Dieu est partout, même dans les recoins les plus obscurs et difficiles d'accès, dans les trois règnes de la nature, animal, végétal et minéral et que si nous vivons « connectés » et en remerciant, et en fêtant à chaque instant, de tout ce que nous recevons… nous sommes toujours en contact avec Dieu. Nous vivons donc, la vie comme une fête, l'ouverture comme une grâce, l'énergie comme une bénédiction.

Dieu, dans ma vie.

Toute petite j'étais souvent malade ou présentais des cadres de maladies ou de problèmes de santé difficiles à comprendre ; alors médecins, guérisseurs et famille donnaient des conseils à ma mère sur comment faire pour me soigner. Et puis, Petit Loup Blanc est apparu un jour, ses yeux couleur ambre, brillants, vivants me regardaient profondément ; en mettant mon âme à nu, lui, il me soignait !

Tout le long de mes « maladies » je ne demandais qu'à voir encore et encore ses yeux ; c'était cette couleur merveilleuse qui me sortait de la souffrance, de la détresse, de l'incompréhension de tous vis-à-vis de l'être que je suis.

Plusieurs fois j'ai été soignée par des guérisseurs, suivi par des lamas, moines, prêtres… ils avaient tous la même couleur des yeux.

C'est ainsi que j'ai « su » (ou est-ce mon imagination ?) que l'énergie de Dieu est de couleur ambre !

Nous sommes sur Terre pour vivre des expériences, ces vécus serviront pour perfectionner l'humanité future… nous sommes donc, des chercheurs avec un but divin et notre divinité s'élargit à mesure du succès ou de l'échec (quelle importance ?) de ce que nous vivons. Le point précis est d'extraire une sagesse essentielle de chacune de nos approches de la vie ou de la mort.

Tout le long de ma vie je me suis purifiée pour recevoir Dieu en moi : les actions, l'alimentation, les pensées, les paroles, les émotions, l'environnement, l'énergie me dévoilaient leurs secrets, et l'application de ce que je reçois m'aide à mieux vivre. Même maintenant je continue à investiguer à fond tout ce qui peut aider à mon corps à se débarrasser de tout ce qui peut lui être nuisible. Et puis, ce n'est jamais fini. Une chose est contrôlée et une autre se prépare… vivre ainsi est passionnant mais parfois je demande du temps de repos, parfois « Ils » me l'accordent, parfois il y a des urgences…

Silence !

Silence ! Il arrive…
Subreptice, cadencé
Joyeux et discret

Silence ! il est là…
S'ouvre et sourit,
S'éveille et s'étire.

Silence ! je le vois,
Je le sens, je le touche,
Libre et remuant.

Silence ! c'est un cri
Naissant de l'âme
Tel un génie libéré

Puis-je le siffler au vent ?
Aux eaux des rivières, des lacs, des océans ?
Aux montagnes, forêts et déserts ?
Aux échos, aux nuages ?
Aux étoiles, aux astres et aux profondeurs insondables ?

Le silence éclate en mille couleurs musicales
Et telle une aurore boréale nous surprend

Chaque note imaginée, enclavée, dessinée, aimée et charmée

Jaillit du cœur !

Un j'aime sans conditions

Résonne dans l'univers

Et le monde se réveille

Dans une danse éclectique, écliptique, expansive,

Effusive, tendre et chaleureuse !

Spirales mélodieuses

M'accompagnent doucement

Pour, enfin, déclamer

Dans tous les temps et poèmes

Le merveilleux verbe AIMER !!!!

Le Karaté-do

« Travailler » avec des Maîtres est mon but, aller toujours à la source des enseignements, c'est la raison pour laquelle je « vis » dans la tradition que j'étudie, ma quête est sérieuse, systématique, profonde.

Le yoga a toujours été le fil conducteur de toutes ces expériences vécues intensément.

Pendant dix ans j'ai suivi l'enseignement du karaté-do, là j'ai appris ce qu'est l'énergie et comment la manier, comment la reconnaître et l'équilibrer.

Sensei Yasutaka Tanaka était un vrai Maître à plusieurs « Dans » en Karaté, Kendo, Judo, Aïkido. Il était envoyé par le gouvernement japonais au Centre Culturel Japonais de Lima, Pérou. Il ne parlait pas un mot d'espagnol quand il est arrivé. Il nous donnait le cours avec des gestes et en utilisant des symboles : une vraie leçon muette et parfaite !!!

Une des premières soirées passées avec lui il nous a invités à diner avec lui, assis au bout de la table, nous nous sommes rapprochés de lui et avec un geste il nous a demandé de nous éloigner de lui. Sans bien comprendre, nous n'avons pas bougé… il a insisté. Et puis, la lumière ! « Vous vous trompez, Seinsei, ici c'est le Pérou, Maîtres et élèves s'assoient ensemble ! » Notre grand sourire franc et ouvert l'a convaincu… mais il nous a obligé à apprendre à manger avec les baguettes !

Un jour il me met de côté pour montrer aux étudiants ce qu'est l'énergie. Toute fière je suis au milieu de la salle et, presque de forme inaperçue, il tend son bras, le poing bien fermé et sans me toucher il me fait tomber vers l'avant en le retirant. J'étais tellement surprise que j'ai failli tomber dans les pommes ! Mes compagnons se sont mis autour de moi pour me réanimer, il les a éloignés avec un geste et avec un autre toute mon énergie est rentrée dans l'ordre !

Parfois il nous faisait rester en Vajrasana (la posture de la foudre – assise sur les talons) pendant une heure ou plus, l'entraînement durait trois heures et pour nous enseigner l'endurance, il fallait tester notre caractère : celui qui bougeait augmentait 10 minutes de plus d'assise (Nous voulions le massacrer !!!!!). J'étais presque la seule à supporter autant de temps dans la posture, le yoga m'avait déjà formée à ces épreuves.

Végétarienne depuis l'âge de 14 ans, le plus dur dans le chemin du Karaté était lorsque Sensei nous préparé pour les compétitions : il était obligatoire de manger de la viande rouge (saignante si possible). Pour l'élan de la compétition, il disait. Cet élan j'arrivais à le récréer en cherchant la force dans mon esprit.

Avec lui je me suis régalée, je suis entrée dans la tradition japonaise des arts martiaux, la nourriture, le massage et la pratique des katas, la pédagogie si détaillée et précise pour enseigner, la philosophie du Shintoïsme... Je suis devenue une de ses disciples proches, son amie et confidente, son lien avec le Pérou. Les dix années de son enseignement restent gravées au plus profond de mon être et celui-ci continue à me faire vibrer, il fait partie de ma vie quotidienne avec le yoga.

Nous avons quitté le pays presque au même temps, lui pour les Etats Unis, envoyé par son gouvernement ; moi, pour la France, je devais suivre mon mari. Le Karaté était fini pour moi, lui est devenu un des plus grands Maîtres japonais de Karaté en Californie.

Le « travail spirituel »

Des années de recherche, de quête, de lectures, de « travail » avec des hommes et des femmes avec un message dans leurs enseignements.

A aucun moment je n'ai pas baissé les bras, et même dans les moments de découragement, de maladie, de souffrances atroces, des rejets, des lourdeurs et chutes profondes dans des puits sans fond, une force venue de « je-ne-sais-pas- d'où » m'a accompagnée : Est-ce Dieu, Energie, Yoga, Lumière ?

J'arrive peut-être à la fin ou au bout du chemin entrepris si longtemps avant. Et… des bifurcations multiples se proposent à ma vie. Maintenant, je n'hésite plus, c'est le chemin du yoga que j'entreprends avec plus de conviction. Bientôt je partirai en Inde, dans l'ashram tout près des Himalayas m'attend quelque chose d'inconnu et d'extraordinaire. Je ne me pose pas de questions, j'y vais avec confiance pleine en ce que mes Maîtres me proposent. La connexion est de plus en plus forte et mon esprit répond positivement, mon cœur se calme et mon corps devient souple. J'y vais avec conviction, détermination et joie. Dans quelque temps je reviendrai dans la société pour transmettre ce que j'aurais compris et intégré dans mon être. Et là je donnerai libre cours au « Je suis » !

Je suis Houriâme

Je suis Houriâme, lumière de l'âme
Chandelle qui s'enflamme par le feu violet
Je suis la pureté de l'être
Le blanc éclatant que, doucement,
Apporte le calme et la paix

Je suis la graine éternelle
Source de vie, de rire et de chant
Je suis le mouvement et la danse
Et dans les profondeurs de l'océan
Ou les hauteurs célestes
Je suis le magma colorié
Allant au-delà…

Je suis le lien, le pont, l'arc-en-ciel
Je suis l'horizon, le trait confondu
Entre le ciel et la mer
Je suis le point et la ligne
Le blanc et le noir…

Je suis le moi, le toi et le soi
L'étincelle à l'origine des étoiles,
Et les planètes à l'infini…

Je suis la Mère Cosmique
Accueillante et aimante : je donne la Vie !

Je suis l'union du Soleil et la Lune
Je suis le chant et le silence
Le va-et-vient de la spirale,
La pression et la patience…

Je suis une femme, un homme,
Un enfant…
Je suis le tout et le rien,
Je suis le chemin vers l'Un
Un être divin allant vers l'humain !

Le chamane est un glaneur.

Il va sa route en ramassant ce qui lui paraît bon. Ainsi se forme sa pratique personnelle. A la fois avec les éléments transmis par les esprits ou par les guides, à la fois par ceux cueillis en chemin. Poète et rêveur, ses songes lui montrent la voie à suivre. Ce qu'il reçoit par la perception intérieure constitue ce qui a le plus de valeur. Il a appris à faire confiance à l'intuition. Comme tous les chercheurs de vérité, le chamane est un éternel élève. Il se forme et peaufine sa pratique en permanence. Celui qui se prétend « maître » n'est pas dans la voie. Les vrais « maîtres » sont modestes, humbles et joyeux.

Puissions-nous en rencontrer un sur notre chemin !

TABLE DES MATIERES